U0910674

锁定

网络广告
如何快速定位客户
并精准营销

[美] 迈克 · 史密斯（Mike Smith）◎著
吴振阳 秦令华◎译

TARGETED

HOW TECHNOLOGY IS REVOLUTIONIZING ADVERTISING AND THE WAY COMPANIES REACH CONSUMERS

机械工业出版社
China Machine Press

图书在版编目（CIP）数据

锁定：网络广告如何快速定位客户并精准营销 /（美）迈克·史密斯（Mike Smith）著；吴振阳，秦令华译．—北京：机械工业出版社，2017.1

书名原文：Targeted: How Technology Is Revolutionizing Advertising and the Way Companies Reach Consumers

ISBN 978-7-111-55847-7

I. 锁… II. ① 迈… ② 吴… ③ 秦… III. 互联网络－广告－市场营销学 IV. F713.8

中国版本图书馆 CIP 数据核字（2016）第 323865 号

本书版权登记号：图字：01-2016-8228

锁定：网络广告如何快速定位客户并精准营销

出版发行：机械工业出版社（北京市西城区百万庄大街 22 号　邮政编码：100037）
责任编辑：方　琳
责任校对：董纪丽
印　　刷：北京文昌阁彩色印刷有限责任公司
版　　次：2017 年 2 月第 1 版第 1 次印刷
开　　本：147mm × 210mm　1/32
印　　张：8
书　　号：ISBN 978-7-111-55847-7
定　　价：45.00 元

凡购本书，如有缺页、倒页、脱页，由本社发行部调换
客服热线：（010）68995261　88361066　　投稿热线：（010）88379007
购书热线：（010）68326294　88379649　68995259　　读者信箱：hzjg@hzbook.com

谨以此书献给一直支持 我的爱妻丹妮丝与我们可爱的孩子杰西卡和迈克尔。家人对我的信心让我觉得世上无难事。

本书献给我已故的父母爱德华・史密斯（Edward Smith）和帕特里西亚・史密斯（Patricia Smith）。他们一直在激励着我。

也献给我了不起的岳母达莲娜・曼弗拉（Darlene Manfra），谨以此表达我对您深深的喜爱与欣赏。

赞誉

TARGETED

How Technology Is Revolutionizing Advertising and the Way Companies Reach Consumers

本书既描述了数字广告的历史，又是一本该领域的指导手册。该书从圈内人的角度揭示了数字广告是如何同时影响企业和消费者的。对目前网络广告如何投放以及未来如何发展，迈克·史密斯进行了细致深入的研究。

——保罗·斯艾拉（Paul Sciarra）
Pinterest 共同创始人

对于对数字业务感兴趣的每个人来说，本书是必读之作。本书对如何锁定客户进行了最为翔实的介绍。阅读本书，你会获益良多。史密斯非常了解这一复杂媒体的来龙去脉，并借鉴了自己从美国家庭影院（HBO）到福布斯再到赫斯特的几十年经验。本书既适合业内资深人士阅读，也适合一般消费者阅读，尤其当你想要知道为什么每次登录电脑或移动设备时，某些特定广告就会出现。

——戴夫·摩尔（Dave Moore）
邑策（Xaxis）董事长和 WPP Digital 总裁

技术一直是迈克·史密斯职业生涯的驱动力。如今他选择与业内人士、创业者、企业高管、教育工作者甚至消费者分享自己在数字广告方面的知识，以期教育和启迪他们。互联网和数字广告会继续发展下去。现在是时候去了解电脑屏幕和移动设备背后发生了什么，也是时候去考虑如何利用史密斯分享的这些知识了。

——乔尔·布鲁姆（Joel Bloom）博士
新泽西理工学院校长

数字广告领域为营销人员带来了许许多多各式各样的进展，但同时也带来了一些重大的负面影响。这一领域看起来似乎无比复杂，而这种复杂性推动了广告主未曾预料到的不道德甚至违法的活动。史密斯先生了解这一数字生态系统，从圈内人的角度揭示了当前市场的现实情况及其来龙去脉。他让人们对如何最充分利用目前惊人的市场机会有了深刻认识，同时回避最具毁灭性的黑帽活动。本书是网络营销新手和资深人士的必读佳作。

——吉姆·斯潘菲勒（Jim Spanfeller）
TheDailyMeal.com 和 TheActiveTimes.com 的创始人
兼首席执行官

迈克·史密斯带领你进行了一趟极富启迪的知识之旅。在这一旅程中，你见识了网络广告的历史，包括过去 20 年以来促成这一令人不可思议的创新的技术、数据和参与者。史密斯也带领你展望了可寻址广告的未来。广告主管、企业主、在线信息搜索者和精明的消费者都应该认真读一读本书。

——丹妮丝·科莱拉（Denise Colella）
Maxifier 首席执行官

我是一家产品驱动型技术公司的首席执行官。我知道，想要构建整合客户需求和迅速发展的市场解决方案是很困难的事情。我依靠数字媒体高管提供咨询实现了这一目的。在这一领域，迈克·史密斯是市场卖方最新锐和最具创新性的思想领袖。他不满足于冷眼旁观和等待大众的选择，而是引领整个行业前进，并确定前进道路上的标准。本书是所有媒体专业人员，包括初级入门人员和高管的必读之作。本书全面研究了迷人而又动态发展的数字媒体市场，其作者是该领域最重要的数字媒体高管之一。

——迈克尔·康奈利（Michael Connelly）
Sonobi 首席执行官

前言

TARGETED
How Technology Is Revolutionizing Advertising and the Way Companies Reach Consumers

互联网是极富吸引力的参与互动引擎。我们可以利用网络获取任何信息，从事各种商业活动，并在任何时候与世界上任何地方的人联系。海量的信息和互动通过无数的渠道向四面八方汹涌流动。人类以往发明的任何媒介都不曾让我们能如此自由地控制自己的进出。我们可以不费吹灰之力，在一念之间离开网络。互联网正以值得我们关注的各种方式改变生活。无论是现在还是将来，互联网带来的影响都是非常深远的，就像什么东西植入了我们的大脑或改变了我们的基因组一样。

我们从互联网上获得的所有东西都是免费的，因为有人替我们埋单。[1]广告促进了互联网的成长和持续发展。不管我们觉得是出版商（publisher）㊀吸引了我们的关注，还是广告主劫持了我们的注意力，正是广告带来的收益，让我们可

㊀ 在网络或数字广告领域，publisher也经常译作发布商。为了与本书后面内容一致，统一译作出版商。——译者注

以从网上获取各种信息。为了向我们推销产品，广告主就要争取我们的关注，即使可能是转瞬即逝和难以控制的。因此，广告主需要补贴媒体。

在一些人看来，这一现象就如同互联网成长激素中的魔力豆㊀，将给虚拟空间带来繁荣发展。而在另一些人看来，这一现象则像《绿魔先生》(*Little Shop of Horrors*) 中的巨大食人花，在暗中跟踪他们，侵犯他们的隐私。

然而，不管你怎么看，不可否认的是，一切形式的数字广告都与此前的各种广告截然不同，并正以惊人的速度演变发展。和孕育了数字广告的互联网一样，数字广告正在改变我们的未来。即使在"现实主义者"认为其只是没什么用处的噱头时，数字广告也已从创业者想象的概念和风险投资者的美好愿望，演变成了达到临界规模（critical mass）的一种商业促销工具，尽管很多人仍质疑其真实有效性。

自 2000 年 1 月开始，我一直都是数字出版业的高级管理人员。我在福布斯传媒有限责任公司（Forbes Media LLC）工作了 13 年，现在任职于赫斯特集团（Hearst Corporation)。我见证了数字广告火箭般迅速的发展轨迹。在不到 20 年的时间里，数字广告市场从零发展到了目前的颇具规模。2013 年，仅仅在美国，数字广告支出就达到了 428 亿美元[2]，差不多是各类广告支出的 1/4。[3] 这比报纸和杂志等印刷广告的

㊀ 出自童话故事《杰克和魔力豆》(*Jack and the Beanstalk*)。——译者注

收益加起来还要多 114 亿美元，是最大的广告媒介电视广告收益（745 亿美元）的 57%。[4] 2011 年，数字广告收益就已经超过了有线电视广告。也许最值得注意的是，2013 年数字广告收入超过了广播电视广告。有线电视和广播电视的广告收入加起来可能仍比数字广告高，但是数字广告收入已经比这两种电视媒体的单独任何一种都要高了。[5] 普华永道（Price waterhouseCoopers）预测，到 2017 年，数字广告的全球市场规模将达到 1 850 亿美元。[6]

这个市场很大，不仅包括我们在电脑上看到的广告，还包括我们在其他任何网络设备，如平板电脑、手机和电视（以及其他任何可以播放视频的设备，如触控式 iPod）上看到的广告。这涵盖了我们在进行搜索或使用社交媒体例如脸谱或推特时，所遇到的任何广告和赞助商链接。根据 2014 年 6 月美国市场研究公司 eMarketer 的预测，到 2017 年，美国全部的数字广告收入将达到 741 亿美元，差不多与电视广告收入（759.8 亿美元）持平，其中移动设备广告收入（474 亿美元）将会是数字广告总额中增长最为迅速的份额。[7] 正如该公司所预测的那样，到 2018 年，美国数字广告占全部广告支出的份额将超过电视、广播加上有线电视广告的份额。（所有数字媒体的份额将占 37.3%，而所有电视形式的广告加起来将占 35.7%）。[8]

但是网络广告的史无前例，并不仅仅表现在其现有的市场规模和最近的增长速度方面。网络广告的独特性还表现在，互联网与广告主曾使用过的其他沟通媒介完全不同。网络广告的独特性还包括：促使出版商呈指数级发展；解放了受众，受众获取各种信息不受时间限制；获得了传统媒介不曾给予的权力。

虽然数字内容的受众数量庞大，遍布全球，但也是极为分散的。它有可能是由极少一部分受众群体组成的。总体规模如此庞大的受众从来没有这么分散过。有时候，一个群组甚至只有一个受众。现在，如果互联网上某个有钱人正想购买一辆昂贵的豪华轿车，此时此刻，锁住这个购买者，也许比向数百万没有购买动机的消费者做广告更有价值。而在两代人以前，这些没有购买动机的消费者可能会一边看着《我爱露西》(*I Love Lucy*)，一边想着在插播广告时有没有时间上厕所。

相比传统大众媒体的消费者，浏览互联网的受众更为独立。广告出现时，他们会比以前更轻松地立即离开这一网页。只要点击链接，他们可以在任何时候去任何想去的网页，就像无政府状态下的不忠诚那样。

但是，如果说网络受众可以异常轻松地摆脱控制，那么他们也可以对广告信息做出令人难以置信的回应。你可以利用他们的回应，因为你可以追寻到这些受众的地址。这对广告主来说是极有价值的。网络广告与受众的互动是双向的。受众可以实时回应广告，提供以前传统大众媒介无法获取的反馈。互联网连接是双向的。因为通过对网络广告进行相关的实时分析，深谙互联网技术的精明广告主就能知道，此时此刻谁在观看广告，谁在参与广告互动、他们住在哪里、家庭收入多少、他们是否愿意和如何通过社交媒体分享自己的购买体验，以及其他有用的各种商业数据。这不仅仅是利用一直困扰隐私倡导者的 Cookie 来实现的，而且也需要通过任何可能发明出来的网络设备（计算机、平板电脑、手机和网络电视等）在获取信息时使用的 IP 地址来实现，甚至微波炉和电冰箱都可以有 IP 地址。每当受众对广告做出回应，参加抽奖，或对某个感兴趣的东西进行更深入的搜索时，数据就会像喷泉一样大量涌现，可供广告主利用。

在面临无限机会的同时，网络广告也同样面临巨大的挑战。首先，在美国，3/4 的广告费用是花在其他广告媒介上的。广告业中有些人仍认为数字广告是支流，而非主流。广告代理商的创意人员和客户经理并不认为制作网络广告是一项又酷又吸引人又令人兴奋并能赚大钱的工作。

此外，技术创建了互联网出版业，但技术本身也给它带来了诸多挑战。因为发布网络内容实在是太容易了，网站和网络出版商的数量激增，这就带来了无数展示广告的机会。网页发布的容量巨大，供应量几乎无穷无尽，可以产生大量的广告位（更准确地说，是网页上可以登载广告的空间，也可称之为印象）。巨大的供应量促进了网页广告的商品化，同时压低了它的价格。

而且，在其应该出现的地点和时点准确地展示广告（广告服务）成了一个巨大的技术挑战。与设置在交通繁忙的公路旁的老式大型广告牌不一样，作为一种沟通渠道，网络发布这一媒介本身就有很多移动组件。

其中某些移动组件是搜索引擎中的机器人（bots）、网络爬虫（web crawlers）或蜘蛛（spiders）软件。例如，搜索引擎把这些自动程序发送到网上，这些程序就像小动物一样在内容网站之间爬行，记录搜索词的出现。[9] 这是合法的搜索功能，但广告主并不应该为网站的这一机器人而非人类的行为付费。广告主只应该为那些可能观看他们广告的人付费，因此，销售网络媒体的网站必须在网站统计（site census）中过滤排除这些虚拟受众。出版商有责任把这些非人为的流量从受众账户中剔除出去。

网络广告的巨大潜在供应空间还可能产生另一影响：混乱。广告空间的供过于求使优质的网站及其广告位难以脱颖而出。网上每天都有大量页面报道林赛·罗韩（Lindsay Lohan）的夜生活，只有提供质量更高更特别的内容，网站才能吸引受众的注意力，而这已经变得越来越困难了。

因为这些以及其他一些我即将详细论述的原因，网络广告有潜力成为有巨大影响的强劲引擎。网络广告虽已展现了技术的神奇，但仍然是个没有自动传动装置的引擎。有时候是齿轮没有啮合好，有时候是因为广告服务并没有做到简单有效。

有时候，这会导致广告主的广告没有在本来应该出现的时空点出现。如果非常富有的投资者正在考虑投资组合，当他在浏览福布斯网站（Forbes.com）时，出现了富达（Fidelity）

公司的广告，这可能会有很好的效果。而当受众只是为了娱乐和社交浏览网站时，即便将同一广告展示给这些相同的受众，其效果也可能会大大降低。

在有些情况下，会看到广告的受众人数被高估了（有时候是有意高估的，可称之为点击欺诈（click fraud)），这样就可以向广告主多收取一部分费用。与传统的印刷和电视广告相比，网络广告中的欺诈更容易掩饰。网页背后的技术实在是太复杂了，网络媒介也更不透明，就如同一个黑箱，只有非常优秀的黑客工程师，才能够判断某个网站是不是高估了其报告的受众流量。这并不像数一数通过滑槽的牲畜那样简单。

网络广告市场已经发展起来了，但网络广告市场上的交易也出现了一些特殊的困难。LUMA 合伙有限责任公司（LUMA Partners LLC）是一家专攻并购的咨询公司，特伦斯·卡瓦加（Terence Kawaja）是其首席执行官。2010 年 5 月 3 日，在互动广告局网络和交流会议（Networks and Exchanges Meeting of the Interactive Advertising Bureau (IAB)）上，他做了主题报告，报告题目为“解析混乱”（Parsing the Mayhem）。图 0-1（已获得卡瓦加同意使用）是该报告第 3 页幻灯片的最近更新版。

这张幻灯片是否向我们展示了一个自由、公平、透明和高效的市场？

让我来评判或许是不公平的。作为出版商赫斯特公司的高层管理人员，我和同事都是市场的参与者和当事人。或许我们身在其中，离得太近了，不能客观地加以评价。卡瓦加在演讲中展示这张幻灯片后，这张幻灯片就像病毒一样在网络广告业迅速传播开来。我只想说，网络广告市场还远未成长为高级的经济形态。与兴旺繁荣的景象有很大不同的是，有时候，这个新的商业市场呈现过高的多样性。例如，在卡瓦加进行这一演讲时，在美国网络广告领域，仅广告网络平台这一类中介机构就多达 350 个。

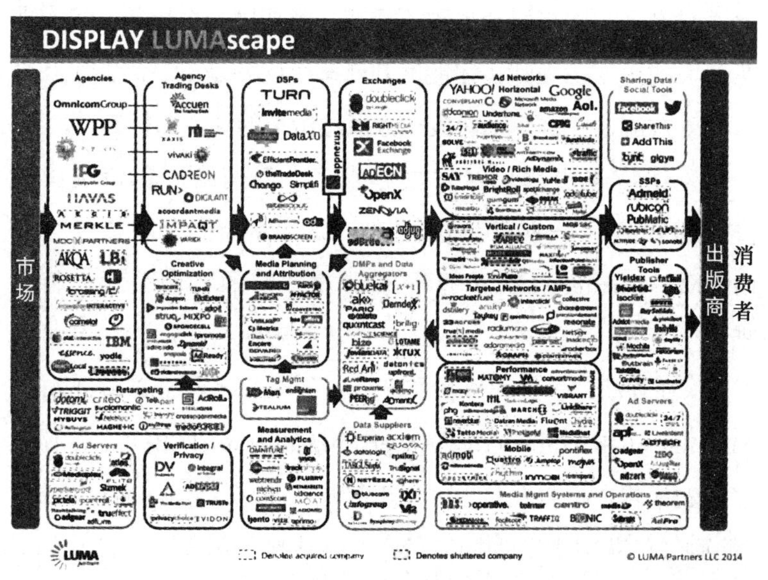

图 0-1　展示广告技术图景

资料来源：LUMA Partners.

在网络广告行业，出版商和广告主之间有大量的参与者。有时候，这会让人觉得就像是股票交易所，每个公司的股票都有自己的做市商（market maker）。把这简单比作购物或是稳健的交易是不合适的。运营网络交易平台的广告网络公司 Right Media 的前主管拉姆齐·麦格罗里（Ramsey McGrory）曾经说，卡瓦加的这张幻灯片“是一张复杂到令人感到痛苦的图”。这么说可能有点夸张了。2010 年 12 月，麦格罗里在福布斯对广告运营人员发表了演讲。他提到，一直以来他给 Right Media 员工的建议就是“拥抱混沌”。

要拥抱的混沌实在是太多了。很显然，网络广告行业要想成为一个公平、自由和高效的市场还有很长一段路要走。如今，78% 的广告收入产生在出版商和广告主（包括一些中介商）之间，而不是产生于网络交易中的。通过这种方式进行交易，交易的每一方都必须进行主观判断：在某一时空点看到广告的某一受众的价值到底是多少。一旦进行主观判断，就不免会有一厢情愿的想法或只能由在市场中占据强势地位的一方来决定价格。在买方市场，盛行的是购买者对价值进行评估。卖方可能会不同意，但往往也会承认这一点。所以，交易价格也许并不能反映广告的真实价值。

回顾过去，展望未来

过去 20 年来，数字广告的发展过程中发生了很多事情。在本书中，我们将对其中的一些重要事件进行详述。“如何评估广告的价值？”这个问题非常重要，所以我们会对那些有助于企业评估广告价值的技术进行重点介绍。

也许其中最值得关注的技术创新是网络广告交易平台的实时竞价（real-time bidding，RTB）。这些平台上的交易只占数字广告收入的 20% 略多一点，但这些在几分之一秒时间内使用实时竞价技术进行的交易，却能消除很多直觉和主观色彩，并以此方式确定广告的价值。而且，实时竞价更公平，愿意出最高价的竞拍者才能成交。

在广告交易的实时竞价中，对网页上某个转瞬即逝的广告位用真实货币价值进行估价时，通常是发生在 1 毫秒的片刻之内的。这个价格，对买方而言，是谨慎之举，对卖方而言，也是有利可图的。实时竞价远不止是踢一踢轮胎就能检查车的好坏那么简单。广告交易平台上每天要发生几十亿次实时竞价。现在，在出版商看来，有时候，这种实时竞价给广告位确定的价值可能非常低。但我对整个行业中出现的技术创新仍充满了敬畏。

本书的目的就是解释清楚一些强大的运作技术，例如，付费搜索广告和实时竞价是如何运作的。此外，我想带你到幕后去看看：该行业中一些最杰出的创新者是怎么开发出这些技术，如何创建出一些卓越企业及新颖的商业模式，从而为数字广告销售的未来服务的。

我是这个快速发展领域中的一分子，并从幕后至少看到了其中的一些发展情况。这一直强烈地吸引着我，有时候，也受到鞭策（whiplashed）。从很多方面来看，这折射出了更广阔的整个社会范围内正在发生的事情。

我的一点领悟是，有时候，即使有了最先进、最伟大的技术或最聪明、最优越的商业模式，如果只具备其中之一，也是不足以保证成功的。而有时候，即使二者都具备，也还是不够的。这是因为，即便有了这些资产，成功的重要因素仍然常常是只有领导力才能激发出来的管理技能、灵活性、主动性。不管新技术如何强大有用，真正能够发挥作用的则是人的因素。这就是为什么即使本书强调促进数字广告发展的技术，我仍为我们所有人在这项事业中扮演的重要角色而倍受鼓舞。

数字广告行业已经有了很大的发展，在构建公平和高效市场方面也有了长足的进展。5 年前，该行业比现在更为混乱。我希望，通过对许多重要的技术创新及其创造者（他们促进了该行业的发展）的描述，能够帮助你更好地理解、管理并促进这一充满活力的行业的未来发展。

致谢

TARGETED
How Technology Is Revolutionizing Advertising and the Way Companies Reach Consumers

所有的作者都会觉得有责任并希望感谢那些帮助过他们著书的人们。首次著书，我只有一点不同。帮助过我的人很多，他们给了我很大的帮助，这是我一生中的一次最愉快欣慰的经历。正是因为有这么多人慷慨无私而又孜孜不倦地帮助我，才使这本书比我仅凭一己之力进行著述要好得多。对在此即将提及的卓越人士，我进行了大约 400 多次的访谈。他们为本书的撰写做出了大量的贡献，极大地提升了本书的质量。他们的贡献远远超出了我刚开始撰写这本书时所抱的期望。

在我感谢其他人之前，我要先诚挚地感谢我撰写这本书的搭档 Steven Flax。Steve 是一位获过奖的商业记者和总编辑，也是经验丰富的策划编辑经理。他与我的合作是我职业生涯中的一个最大亮点。他为这本书贡献了他对广告技术的深刻理解、独到的商业视角、创造性的及大量的（并非偶然的）洞见来源。与他共事是一种持续的快乐，我会想念我们在合作过程中每天的交谈。

总的来说，创新者和创业者把广告技术引入这一具有颠覆性和创造性的迷人行业。对我而言，这象征着人类最美好的本性：永无止境的创新、决心和韧性。这些人值得我们致以多大程度的崇敬？我们应该致以最高的崇敬。在这里，作为作者最幸福的一件事情，就是把他们的名字一一列出来，并致以诚挚的谢意：

Brian O'Kelley、Dave Morgan、Bill Wise、Matt Philips、Michael Walrath、John Donahue、Jonah Goodhart、Noah Goodhart、Tim Cadogan、Ted Meisel、Bill Gross、Eric Picard、Scott Kurnit、Mike Baker、Bill Simmons、Michael Rubenstein、Chris Stevens、Jim Spanfeller、John Taysom、Bill Demas、Phil Smolin、Suman Chagarlamudi、Joe Zawadzki、Ari Buchalter、Mark Mannino、Matthew Goldstein、Tom Chavez、Roger McNamee、Ted Shergalis、PJ Gurumohan 博士、Rajeev Goel、Nat Turner、Mark Zagorski、Edward Montes、Jeff Green、Mike Seiman、Russ Fradin、Omar Tawakol、Zach Coelius、Ramsey McGrory、Terence Kawaja、Niel Robertson、David Moore、Aaron Letscher、Edward Kozek、Kevin Lee、Joe Doran、Josh Shatkin-Margolis、Michael Cassidy、Gil Beyda、Adam Lehman、Kevin O'Connor、Wenda Harris Millard、Deb Roy 博士、Philipp Pieper、Skip Brand 博士。

感谢在本书的著述过程中，Lori Ames给予的热情指导和在宣传、营销及公共关系方面给予的大力帮助。感谢我的出版经纪人Dana Newman的专业指导，也感谢出版社AMACOM Books的团队成员：Ellen Kadin、Barry Richardson、Andy Ambraziejus、Erika Spelman和Kama Timbrell以及North Market Street Graphics的团队成员：Ginny Carroll、Cindy Szili和Mike Dunnick。

此外，还要感谢丹妮丝·史密斯、杰西卡·史密斯和迈克尔·史密斯二世。

我有幸在赫斯特集团工作，感谢我的同事对撰写本书的支持：David Carey、Troy Young、Phil Wiser、Lincoln Millstein、Steven R. Swartz、Mark Aldam、Neeraj Khemlani、Alexandra Carlin、Debi Chirichella、Todd Haskell、Michael Clinton、Gabrielle Munoz Klass、John Weisgerber、Michael Benham、Heather Keltz、Jessica Hoy、Jessica Mason、Brooke Edwards、Scott Both、James Jackson、Weyland Jung、Jacqueline Bertozzi、Susan Parker、Dave Morin、Ali Abelson、Brittany Cerbie、Jenny Erasmus、Grant Whitmore、Sara Badler。

自2000年1月以来，我开始在福布斯工作，福布斯家族一直对我很友好。在此，我想要表达对Tim Forbes、Steve Forbes、Bob Forbes、Kip Forbes、Wally Forbes、Moira Forbes、Miguel Forbes的感谢。

以下这些人我也要表示感谢：Mike Perlis、Michael Federle、

Kevin Gentzel、Michael Dugan、Steve Bond、Lewis D'Vorkin、Andrea Spiegel、Scott Masterson、Bill Flatley、Paul Maidment、Maureen Farrell、Bruce Rogers、Kai Falkenberg、Suren TerSaakov、Achir Kalra、Alyson Papalia、Elizabeth Sobel、Christopher LaBianca、Meredith Levien、Mark Howard、Stephanie Mazzamaro、Mia Carbonell、Lauren Gurnee、Sharon Jautz、Mark Binger、Dan Papalia、Rebeca Solorzano、Andrew Cassin、Beth Wallace、Paul Martino、Darius Daftary、Mike Yavonditte、James Altucher、Ari Bluman、Albie Collins、Jim Flock、Steve Morgan、Grant Whitmore、Kevin English、Gerard Baglieri、Sharon Gitelle、John French。

David Hallerman、Stephanie Flosi、Andrew Lipsman、Dan Marcec、Shira Orbach、Sherrill Mane、Kristina Sruoginis、Elizabeth Luke、Namit Merchant、Chevan Nanayakkara、Katrin Magnusson、David Rosenblatt、Dave Simon、Maureen Little、Paul Alfieri、Jonathan Gardner、Leslie Lee、Shane Keats、Denise Vardakas-Styrna、Marc Rotenberg、Jules Polonetsky、Alan Chapell、J.Trevor Hughes、Noah Feldman教授、Richard Sobel、Rosabeth Moss Kanter教授、David Cleevely博士、Latanya Sweeney博士、Sherry Turkle教授、Lawrence Lessig教授、Gabriel Kahn教授、Paul Glimcher教授、Jim Waldo教授。

S.Ashlie Beringer、Jeff Jonas、Don Epperson、Jessica Breault（和她刚出生的儿子、可爱的Mason）、Jason Young、Jo Bowman、Meghan Brown、Kevin Lyons、Dave Tice、Jordan Elpern-Waxman、Rodney Mayers、Brad Terrell、Andy Ellenthal、Susan Marshall、Jonathan Greenglass、Ewa Dominowska、Ari Rosenberg、Joe Mandese、Risa Wexler、John Gray、Pat Dignan、Vincent Paolozzi、Marc Parrish、Dave Martin。

献词

赞誉

前言

致谢

第 1 章 拥堵的网络生态系统 | 1

1.1 有效利用互联网高速公路 | 6

1.2 收费公路 | 7

1.3 收费员 | 9

1.4 驰骋在互联网高速公路上 | 13

第 2 章 搜索引擎营销 | 17

2.1 付费搜索的优势 | 20

2.2 付费搜索的缺陷 | 21

2.3 购买注意事项 | 24

第 3 章 拍卖竞价与付费搜索广告的发展 | 27

3.1 搜索引擎营销的早期挑战 | 28

3.2 付费搜索竞拍 | 32

第 4 章 谷歌的超越 | 39

4.1 关键词竞价广告的优势 | 41

4.2 付费搜索和谷歌的未来 | 44

第 5 章 展示广告和广告网络平台的出现 | 47

5.1 辅助轮 | 52

5.2 路上的颠簸 | 53

第 6 章 实时竞价和网络广告的演变 | 57

6.1 实时竞价改变了广告主、出版商和潜在客户之间的关系 | 59

6.2 实时竞价对广告成本的影响 | 61

6.3 实时竞价促进战略锁定 | 62

6.4 实时竞价展示广告与付费搜索广告 | 64

6.5 实时竞价和展示广告的增长 | 66

第 7 章 实时竞价如何运作 | 69

实时竞价魔法背后的原理 | 72

第 8 章 Right Media 创建广告服务器 | 79

8.1 创意之源 | 80

8.2 成长烦恼 | 85

8.3 继续前行 | 88
8.4 非算法性问题 | 94
8.5 实时竞价 | 98

第 9 章 **实时竞价的操作** | 107

9.1 买方的好处 | 109
9.2 卖方的好处 | 116
9.3 用户的好处 | 118
9.4 实时竞价的发展方向 | 118

第 10 章 **数据对数字广告的影响** | 121

10.1 数据驱动的数字广告 | 123
10.2 数据的管网系统问题 | 134
10.3 数据驱动品牌化 | 136
10.4 数据驱动销售 | 140
10.5 重要指标 | 143

第 11 章 **数据收集及其对隐私的影响** | 147

11.1 cookie 带来的麻烦 | 151
11.2 再识别 | 155
11.3 货币化会带来报复吗 | 163
11.4 法律救济 | 164
11.5 不跟踪倡议 | 168
11.6 约翰 · 泰桑的“三人成群” | 172

第 12 章 新技术 | 177

12.1 移动设备雪崩 | 180

12.2 平板电脑海啸 | 182

12.3 不断变化的格局 | 188

12.4 数字电视 | 197

注解 | 212

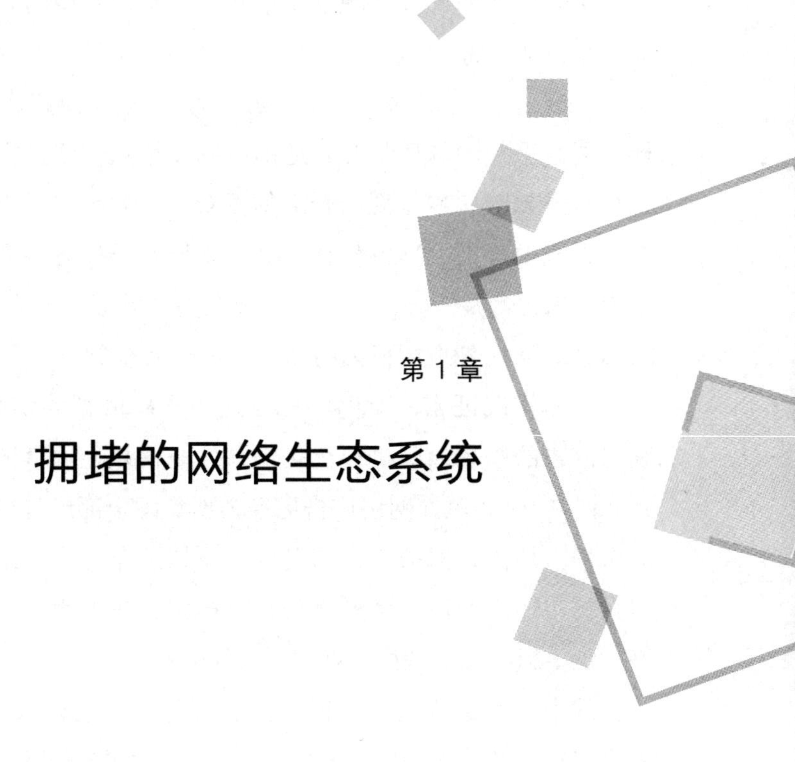

第 1 章

拥堵的网络生态系统

网络广告的发展呈现高速增长、技术创新精巧独特和创业活动源源不断等特征，催生了大量的竞争性商业模式。但是，撇开新颖的技术和创业活动不说，与其他广告媒介一样，网络广告的本质是在合适的时间和地点，将极富吸引力且卓有成效的广告呈现给合适的受众，同时制定对卖方和潜在买方来说都很合理的价格。这一本质对委托方、广告主和出版商来说都是一样的。正如山姆在美国电影《卡萨布兰卡》（*Casablanca*）插曲中所唱的那样：真谛永不变。㊀

然而实践证明，对网络广告这一全新的数字媒介来说，利用广告的基本原则进行优化仍是件非常复杂的事情。在不到 20 年的时间里，网络广告已经占据美国全部广告市场很大的份额。然而，网络广告的发展，与其说像高速公路那样平坦顺畅，还不如说更像逆水行舟那样充满艰难困苦，至少网络广告要想赚钱还是很困难的。为什么？

其中一个原因就是，网络广告还是老一套。换句话说，网络广告还是广告。也有一些人认为，网络广告是新生事物，是不一样的。网络广告是数字化、动态和交互的。那么，首先让我们来看看这老一套。

每个人都知道广告是有用的。一方面，我们总是受到广告的诱导去买那些本来并不打算购买的东西。然而，另一方面，我们也都知道，很多广告其实并没有起什么作用，实际上这些广告都被我们忽视了。而且，很多时候，虽然我们明

㊀ 1942 年美国影片《卡萨布兰卡》（*Casablanca*）插曲《随时光流逝》（又译《年复一年》）中的歌词。——译者注

明知道自己并不是某些广告的合适受众，但我们仍然会看到这些广告。所以，我们都曾有广告并不起作用的经历。当网络广告变得像旧石器时代的燧石刀一样陈旧落伍时，很多网络广告就会被浪费掉了。

再就是，很多时候，要证明广告与消费者对广告中宣传促销产品的认知度和购买行为之间的因果关系是非常困难的。

由于这一公认的浪费，再加上广告的功效只是表面看上去如此，而难以证实，所以在经济不景气的时候，广告费用总是被死死盯住，常常成为首先被削减的成本。用管理咨询师不带感情色彩的行话来说，广告费用是“酌量性费用”。

现在让我们来看看其他一些原因，我们不妨将其称为“对新颖的惩罚”。多年来，挤在其他广告媒介中，网络广告就有点儿像继子女一样，因为它太新颖独特了。在互联网发展早期，网站上的内容都是从印刷出版物上复制粘贴过来的衍生物，平淡无奇，因而常常被轻视为“盗版件”。用户浏览网络时的沉闷体验，就如同看早期的有线电视节目一样。而且，早期网站的广告内容乏善可陈，并没有出现像忍者刀（ginsu knife）[1]这样的令人耳目一新的电视广告。

再加上人固有的行为惯性会影响这一新的广告渠道的采用。这样一来，网络广告发展的障碍就更多了。如同其受众的数量一样，广告的销售收入也很少。网络广告太新颖了。

职业广告代理商的高层管理者并不了解这一新媒介。原有的广告媒体购买机制（media-buying infrastructure）已根深蒂固，并不熟悉网络广告。可以说，对很多代理来说，发展网络广告并不是一种很好的事业发展规划。

网络媒介同时受到如何评估效果以及由谁来评估这两个问题的困扰（后续章节将详细阐述不同的评估指标）。衡量网络媒介的效果应该看该网站的受众数量、点击次数、引导数还是看引发的用户行动的次数？由于互联网渠道的技术独创性，涌现了大量相互竞争的效果评估指标。这些评估指标如同忍者刀广告一样富有创意，但人们对广告效果的评估指标仍未达成一致，而这往往会影响委托方的广告支出。与此相反的是，人们对电视广告的评估指标早已经达成一致，正如特里·卡瓦加（Terry Kawaja）[⊖]指出的那样："没有人质疑尼尔森收视率的价值。"

网络渠道同时为其所固有的种种变数所困扰。网民可以在任何地点任何时间访问某一网站，而且网络媒介中的广告空间或广告印象往往是在一瞬间产生的。只有当网页呈现在每个新的用户面前时，广告空间才会在那一刻形成。这与广告牌持久存在的静态特点完全相反。

只有吸引用户眼球，广告支出才会随之而来。在互联网上，这同样是真理。所以，欢迎用户登录我们的网站总是对的，不是吗？但要想在网站上锁住用户的眼球则是很

⊖ 即前面提到的特伦斯·卡瓦加（Terence Kawaja）。——译者注

难的。网民登录网站的时间常常很短暂，而他们的离开又常常出人意料。网民的出现和离开都非常短暂，因此，对他们做广告，就好比千方百计想对马上就要蒸发的露珠做广告一样。

在过去10年的最初几年里，传统的广告代理商一直试图将品牌与越来越多的网站匹配起来。自那以后，随着付费搜索广告、广告网络平台、实时竞价以及社交媒体、大量平板电脑和智能手机的出现，交互式广告领域已经发生了结构性变化。但广告主和网络出版商之间的差异仍然存在，广告主总是希望解决如何日益精准地定位目标消费者这一问题，而出版商则对突然过剩的广告库存（就是我们在浏览器屏幕上看到的空白区域[2]）感到茫然若失。

随着网站数量的激增，广告受众被细分为越来越小的利基市场。广告代理商发现自己缺少人脉关系（relationships）和资源来熟练地利用网络出版商呈指数级增长的资源。广告主面对如此之多的潜在广告空间，在如何分配预算方面的经验则少之又少。而且，委托方则又开始突然要求品牌和广告代理商能够根据一系列新的指标来衡量消费者在广告中的参与程度，例如网络指标和投资回报率（return on investment, ROI）等。

此外，网络广告服务在其发展早期存在各种技术问题，在确定最优化和执行状况（fulfillment）方面也存在困难。最优化在这里是指使广告产生最大的影响力，或从广告媒介的投入中获得最大的产出。执行状况是指，广告是否确实被投放给广告主原本瞄准的潜在消费者。网络媒介中的出版商（包括那些准备成为网络巨头的老字号大型印刷出版商）常常缺少资源填补空出来的网络空间。这些出版商的广告销售人员和客户管理团队根本就没有网络这一新媒介方面的足够相关知识，无法帮助广告主对其品牌广告宣传活动进行最优化。要建立这些关系需要丰富的管理知识和专长，需要投入大量的时间学习，而这正是网络出版商所缺少的。

1.1 有效利用互联网高速公路

大量新型的科技初创企业——新型的中介企业雨后春笋般涌现，它们帮助各类客户，如出版商和广告主等，改善各方面的广告服务工作，设法帮助这些客户在虚拟的网络拓扑（virtual topology of the Web）世界中遨游。这些小型灵活的初创企业的员工熟悉各类细分市场，能够熟练地利用广告主和出版商无法自行开发的网络数据。

毕竟，交互式广告的最大优势是更准确、更明确、更有效和更透明。突然涌现的消费者行为和偏好方面的大量数据，一定会使得尼尔森收视率黯然失色。

一系列新的媒体合作伙伴已经进入数字领域，在品牌营销和广告发布这两方面提供指导。这些中介承诺帮助广告主优化广告投放，帮助出版商销售广告位库存，从而缩小广告主和出版商之间在网络营销上的需求差异（gap）。

要想知道这些中介有哪些机遇，并理解其行为，不妨近距离观察一下你自己的典型网络之旅。

1.2　收费公路

我们不妨把每次上网想象成去一个新的地方旅行。在浏览器的地址字段栏键入一个新的网页地址，这是你所要到达的终点地址。你一敲下回车键，就从原先的网页离开了。从你的角度来看，这段旅程不超过几秒钟。喝口咖啡，看看窗外。瞧！网页已经完全加载好了，可以随时浏览了，就好像魔法一样。

但是，要把你带到一个网站主页，例如，《时尚先生》（*Esquire*），互联网内部的运作情况比你想的要复杂得多。从一个网页跳转到另一个网页，其路径上有无数的站点。让我们把这些站点看成是收费站。从你盯着一个空白的浏览器屏幕到你选择的终端网页完全加载成功，这中间存在大量隐形的收费员（即互联网中介），每个中介都要从每 1 美元广告费用中分一小杯羹，这样你才能随意访问网页。

为了确保每个广告出现在你所访问网页的适当位置上，这些收费运营商在广告服务中扮演了重要角色。每个运营商都从广告主那里收一小部分钱。最后，所有的收费运营商，包括网页出版商，共享广告主支付的费用。通过这种方式，网络运营商才能保证整个体系有效持续运行。同时，当成千上万个像你一样的网民通过这些运营商设置的收费站时，这一小杯羹就积少成多，数目就相当可观了。

所有这些网络收费站到底要收多少费用？据大家普遍认可的分析显示，[3]广告主每花5美元将广告投放给1000个合适的消费者（也就是千人成本（Cost Per Mille，CPM）㊀），通常登载广告的出版商能收取的费用不到2美元。（我们将在后一章讨论收费路径的不同方案时，再来分析互联网中介带来的巨大成本。）

我们来想象一下，赫斯特集团发布的网站www.esquire.com是互联网高速公路的终端，也就是你的目的地。从某种意义上来说，另一端的广告主们赞助了你到赫斯特的旅程。如今，在你和终端之间聚集着大量中介实体，其复杂程度几乎令人眩晕。

由大量中介构成的这一复杂链条，通常由以下部分或全部实体构成：需求或供应方平台、数据优化平台提供商、广告交易平台、广告网络平台，等等。每一方都将从品牌营销商支付给赫斯特集团的费用中抽取一小部分，这样你才能看到想看到的网络内容。

为了更好地理解这一隐形的运作机制，我们来看看这些主要的服务提供商（即前述的“收费员”，如图1-1所示）。

㊀ 千人成本指由某一媒介或媒介广告排期表送达1 000人所需的成本。——译者注

图 1-1 高速公路和收费员

1.3 收费员

出版商：过去几年，哪怕是不经意地看看新闻，你都会看到描述出版业重重危机的各种故事。(事实上，你很有可能是从屏幕上而不是纸上看到这些故事的。）虽然说报纸业已经苟延残喘的传言言过其实，但没有哪个身处媒体食物链内的人会否认，产业巨变正重塑出版界。

为了方便说明起见，在本书中，出版商是指以提供信息为商业模式的内容提供者，广告主在内容提供者网站上发布广告并为此支付费用。出版商包括美国在线（AOL）、MSN、雅虎（Yahoo!）之类的门户网站，也包括诸如《纽约时报》（nytimes.com）、美国有线电视新闻网（cnn.com）和时尚先生（esquire.com）之类的传统新闻或者特别的品牌类网站，还包括诸如谷歌和必应（Bing）之类的搜索网站及脸谱和领英之类的社交网站。这些出版商可能是“不确定的平台”（agnostic platform）。也就是说，出版商可能使用多种媒介来传递内容。例如，赫斯特集团就同时使用印刷和网络媒介发布《时尚先生》的内容。

广告网络平台：现在我们再到网络收费公路的交通高峰段，这里的交易最为频繁。随着互联网使用的增多，各种网站如雨后春笋般涌现出来。大部分广告代理商并没有足够的媒体空间购买资源去选择和购买广告位（印象）。广告网络平台应运而生，广告网络平台能高效地为所谓的展示广告（display ads）选择和分配广告位，展示广告就像小小的布告板一样。广告网络平台从出版商那里大量购买广告位，购买价常常比出版商要求的官方零售价低得多。而且它们购买的广告位常常是出版商卖不出去或者无法以较高价格卖出去的（被称为剩余库存）。然后，广告网络平台在网上将其综合库存转售给广告主或其代理商。（在第5章中将更详细叙述交互式广告发展历史上的这一刻。）

一些有名的广告网络平台包括美国在线的Advertising.com、雅虎的Network、双击公司（DoubleClick）、Microsoft Media Network和24/7 RealMedia。双击公司（现在经营着一家大型网络交易平台）已为谷歌所拥有。双击公司使得谷歌这一搜索巨头能在这条收费公路上以多种不同身份栖息——出版商、交易平台、网络平台、广告主。一些诸如Blogads、Deck Network和Federated Media之类的小型广告网络平台，则有助于广告主通过有限的广告库存将广告投放给分类更细的受众，从而使广告主自身也可以受益于接触到其精心选择的理想消费者。

广告交易平台：交易平台的主要功能就是把出版商的广告位（供应方）聚集起来，并通过竞价拍卖把广告位卖给广告主（需求方），从而将供给与需求匹配起来。从理论上来说，这样比出版商和广告主之间的一对一直接互动更有效。广告网络平台是出版商和广告主之间的中介。出版商将其广告位库存在多个广告网络平台之间进行分配，而广告主则从广告网络平台那里购买广告位。与之形成明显对比的是，广告交易类似股票交易，其前提是把广告库存聚合起来，从而可用更透明和更大规模的方式进行库存清理和广告服务交易，而其价格对买卖双方来说也都是最优的。

在过去几年里，这一类别的收费站在其发展进程中掀起了一波并购潮。几大网络媒体集团收购了最著名的几个广告交易平台。2007年4月，雅虎以6.8亿美元收购了Right Media。2007年5月，谷歌以31亿美元收购了双击公司。2007年8月，微软收购广告交易平台AdECN，收购价格则没有透露。

需求方平台：出版商和广告主之间的中介机构越来越多，为了掌握日益复杂的广告服务领域，广告主及其代理商开始寻求各种帮助。于是，所谓的需求方平台（DSPs）就形成了。需求方平台为网络广告的买方效力和提供咨询。他们为广告主提供专业服务，帮助广告主从广告网络和交易平台中挑选潜在的受众。例如，帮助广告主找到合适的媒介，或者直接代表客户购买媒介，向广告主承诺可以大幅提高其定位和购买特定受众的能力。通过需求方平台将需求聚合起来，广告代理商和媒体买主可以更好地管理其在一系列网站上进行的广告宣传活动。诸如MediaMath、DataXu和Turn Inc之类的需求方平台能帮助买方在购买广告位时进行有效选择。

供应方平台：是指与出版商即卖方合作并提供咨询服务的企业。它们的作用就是帮助出版商在销售广告位时赚取最多的钱，所以有时也称供应方平台为产出最大化企业。

自从大众媒体广告出现以来，品牌商家一直力图确保自己的广告能在合适的时间被合适的潜在客户听到或看到。但是，正如我们在前面所看到的那样，互联网受众的极度分散（碎片化）、网民注意力的变幻莫测、在不同网站之间的轻松切换，使得品牌商家对出版商或广告网络平台能否在适当的时间将广告传递给合适的目标受众产生了怀疑。为了应对这一挑战，供应方平台（SSPs）就出现了，向广告主展示了能够接触到其目标受众的技术。SSPs代表出版商的利益，帮助他们以更高的价格卖出更多的广告位。该领域的知名企业包括Admeld（现在为谷歌所有）、PubMatic和Rubicon Project。出版商想要通过出售剩余的广告位而实现收入最大化时，常常需要SSPs的帮助。

数据聚合/提供商：越来越频繁地使用互联网产生了大量的个人数字信息：你使用的电脑的身份和地址、你的车牌和型号、你在线或离线的终端以及有关你喜好的大量其他数据。鉴于互联网受众日趋分散，研究清楚谁在什么时候做什么类的行为数据会越来越有价值。

BlueKai、eXelate、尼尔森、Intelius和Spokeo是目前提供或调节数据交易的企业。对这类数据的收集是有争议的，因为人们担心这会侵犯自身的隐私。逐渐累积起来的个人数据文件遭到了质疑，尤其是消费者权益维护人士，他们认为这种数据收集就好像摄像机一直在监视我们所有人。然而，互联网流量的大量增加只会增加数据的累积，尤其是各种新的网络设备（例如iPad之类的平板电脑）也在以各种新的方式提供信息内容。

1.4　驰骋在互联网高速公路上

到现在为止，我已经向你描述了你和想要访问的网站之间的一些主要中介，并简述了其商业模式和商业利益。那么，让我们来看看，在你上网时，这一切是如何运作的。我们不妨假设，你想要访问赫斯特集团的一个网站 www.esquire.com。打出网址，敲下回车，你就上网了。但是，虽然网页浏览器的地址字段栏只显示了 http://www.esquire.com，并且在加载页面期间一直停留在这一状态，浏览器在到达终点网站之前却通过了大量收费站。

下面是浏览器在加载《时尚先生》主页时在千分之几秒中访问过的路点列表：ad.doubleclick.net（DoubleClick 的广告服务器）、p.raasnet.com（赫斯特集团的核心受众交易专柜）、pq-direct.revsci.net（广告技术平台 AudienceScience）、contextual.media.net（付费搜索整合平台 Media.net）、static.nrelate.com（内容营销公司 nRelate）、pubads.g.doubleclick.net（谷歌网络广告交易平台 AdX）、ads.pubmatic.com（供应方平台 PubMatic 的网站）、segment-pixel.invitemedia.com（需求方平台 DoubleClick's 的投标管理子公司）、loadm.exelator.com（eXelate 网站，一个第三方数据提供商）、s.ixiaa.com（第三方数据提供商 IXI）、user.lucidmedia.com（视频广告网络平台 Videology 的网站）、c.betrad.com（消费者隐私监控公司 Evidon 的网站）、beacon.walmart.com（广告主沃尔玛的网站）、ce.lijit.com（内容营销公司 Sovrn 的网站）、r.nexac.com（第三方数据提供商 Datalogix 的网站）、d.adroll.com（广告网络平台 AdRoll 的网站）、segments.adap.tv（视频广告网络平台 Adap.TV 的网

站），最后是 d.audienceiq.com（受众分析公司 Outbrain 的网站）。

在最后看到“完成”之前一共经历了 18 个站点。如果我们在现实生活中的旅行要快速经历那么多站点，肯定要得脑震荡了。但是，浏览器在眨眼间就处理好了。当然，也可能需要眨好几下。但从你坐的地方来看，整个体验非常平静顺畅。

数据向导在每个网站的后台工作，你不需要知道后面到底发生了什么。坦白地说，你可能根本不在意。你只想看看《时尚先生》网站上有什么内容。要考虑的事情已经够多了，你不用担心浏览器到底提交了多少错综复杂的查询才使得网页迅速顺利地加载，而且看起来还很不错。但是，如果后台没有这些以牟利为动机的数字交通控制器相互切换所形成的复杂链条在运作，我们今天能在网站上看到的内容就会少得多。没有广告主，《时尚先生》网站以及网站上的大量内容就不会存在，就这点而论，任何其他的商业网站也不会存在。现在网站上有大量内容，是因为出版商为了赚钱而提供了这些内容。如果没有了经济和技术支持，也就不会有那么多的内容等你去发现了。

正如我所展示的那样，这段充满迂回曲折的旅行只用了几秒，甚至只是几分之一秒。这取决于浏览器的网速。但是，如果要使旅行更快，效率更高，流向中介的钱更少，又会怎么样？这正是广告交易平台实时竞价的承诺。在第 6 章中，我们将更详细地探讨这个问题。但在我们接触展示广告位销售的技术之前，先去了解一下付费搜索广告的发展和使用情况（第 2 章）是会有帮助的，这是因为付费搜索广告是实时竞价不可或缺的前身。

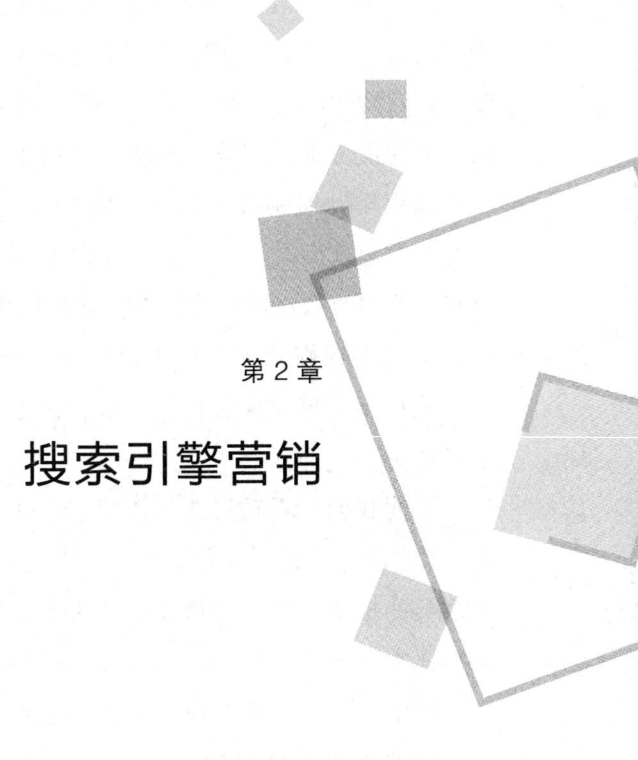

第 2 章

搜索引擎营销

用户和广告主只需轻轻动一动手指，就能以闪电般的速度对数字内容进行搜索。这或许是电脑带来的最独特的创新。付费搜索广告是搜索引擎营销（search engine marketing，SEM）的重要组成部分，确实也是很不一样的新生事物。进行搜索引擎营销就如同驾驭一颗彗星。几乎在发射的那一刹那间，彗星就着陆了，而你却要在彗星着陆点（landing pad）的正上方投放自己的广告。在搜索这件事上，电脑令人眩目，而以前的促销媒介则显得不仅黯淡无光，而且还磨磨蹭蹭。电脑的搜索引擎就像是精灵一般，永不知疲倦，极为顺从且速度飞快。

下面我们来看看它的工作原理。搜索引擎广告是依据关键词（也就是搜索词或者短语，可能包括多个单词）从诸如谷歌之类的搜索引擎公司那里购买来的。搜索引擎营销分为两类：搜索引擎优化（search engine optimization，有时也被称为有机化、自然化或SEO）和付费搜索。

在搜索引擎优化中，广告主、广告代理商和出版商聘请专家对内容进行优化，从而在搜索结果页（search engine results page，SERP）上获得较高的排名。而在付费搜索广告中，付费广告或者赞助链接会出现在搜索结果页上搜索词的旁边。例如，山地自行车的制造商可能会付费给搜索引擎公司，如谷歌，这样，该制造商的广告或网站链接就会出现在搜索结果页上“山地自行车”的旁边。通常，只有看见了搜索结果页的浏览者点击了该广告或链接时，自行车公司才需要支付一定费用。这种定价策略被称为点击付费（pay-perclick，PPC）。

除了其令人惊奇的数字魔法，搜索广告之所以重要，还包括其他几个原因。首先，它是个绝佳的流量发生器。根据美国咨询机构博雷尔公司（Borrell Associates）的一项研究，自2009年以来，定期使用搜索引擎查找当地企业的人数是使用黄页的5倍。[1]

此外，付费搜索广告实施点击付费策略，解决了一直以来困扰广告主的一些问题。例如，浏览者在点击广告之前一定是看到了广告或者链接的，大家对此几乎没有什么异议。而且，点击付费符合广告主的利益，那就是只在有效果的情况下付费。正如博雷尔公司所写的那样："我们无法否认点击付费广告的魅力。"[2]

自2003年以来，付费搜索广告的销量已经超过了展示广告。展示广告（有时也称为横幅广告）就像是网页上的小广告牌，通常以有文本内容的长方形、方形或柱状图形式显示。展示广告也可以是弹出来的交互式图片或动画，还可以是能够点击或者自动播放的视频。总之，展示广告是图片式的。

付费搜索广告是网络广告的最大组成部分。2013年，美国付费搜索广告支出达到199亿美元，创纪录地占全部数字广告费用的46%。2013年，网络展示广告支出是178.4亿美元，差不多占美国网络广告支出的42%。eMarketer的一份预测研究表明，到2018年，美国年付费搜索广告支出将增长到320.8亿美元，2012～2018年的年复合增长率将达到10.8%。[3]

2.1 付费搜索的优势

展示广告的出现已经有些年头了。那么，自 2003 年以来，为什么付费搜索广告这一新的广告形式的销量会超过展示广告？这和牛仔为什么要穿马刺是同一个原因：因为行之有效。通常认为，相比展示广告，付费搜索广告更像直接反应广告（direct-response advertising），而直接反应广告是行之有效的。采用付费搜索广告的广告主认为，客户搜索某一主题，可以证明其有兴趣，然后马上看到了相应的广告，这样才会做出更多的反应。他们认为，观看展示广告是一种被动的体验。很多时候，看到展示广告的消费者，并没有购买意图甚至兴趣。“在进行搜索时，受众会更专注、更投入和更有兴趣。”eMarketer 首席分析师大卫·哈勒曼（David Hallerman）如是说。

在决定到底买哪个产品之前，消费者常常使用搜索引擎来比较不同方案。付费搜索广告的点击率（click-through rate，CTR）大概在 10% 左右，而展示广告通常最多只能从每 1 000 个用户那里获得一次点击。展示广告达到 0.1% 的点击率，这就已经被认为是蛮可观的了。这意味着，搜索用户点击广告的概率是展示广告受众的 100 多倍。这些统计数据让市场营销人员相信，互联网的搜索用户更有可能成为市场中的购买者。采用付费搜索的广告主把赌注都押在了搜索引擎营销上，认为它能引发即时反应和销售，并乐于为此埋单。

广告主相信其能改善客户定位，搜索引擎营销也因此得到肯定。搜索引擎营销到底是怎么做到的？“使用搜索引擎可以更方便地确定应该把广告投向哪些人，”电子商务领域权威人士苏伦·特尔 – 萨科夫（Suren Ter-Saakov）说，“因为用户在搜索框中输入的词明确具体地表明了他们的兴趣。”

或许最为重要的是，搜索引擎营销引入了竞争性投标来决定广告主在搜索结果页上的位置，即排位。如果你希望突出自己的广告或链接，只要愿意付费，就可以办到。竞价最高的广告主能将其链接放置在搜索结果页面堆栈（at the top of the stack）的最顶端。

这是竞争性投标，而不是实时竞价。它过去是、现在仍然是预先设定的投标。这是发生在搜索之前的拍卖。价格是预先确定好的。然而，通过拍卖销售的付费搜索广告是实时拍卖交易（竞价即时发生）的前身，是不可或缺的。实时拍卖大幅提高了在网上出售展示广告的效率（见第 6 章和第 7 章）。

拍卖销售的出现要感谢 GoTo.com（Overture Services 的前身）。拍卖销售的透明性最令人信服地解决了一个问题：与网上客户的连接到底值多少钱？随着拍卖销售的出现，对每次点击进行定价，对搜索引擎广告进行估价，这些过程都公开化了。现在，付费搜索广告的在线销售都是公开并受到审查的，至少受到了有兴趣的投标者的审查。

2.2　付费搜索的缺陷

付费搜索广告看似非常简单：付费后把广告和关键词链

接起来，就等着客户排队了，就好像演员排队为乔治·罗梅罗（George Romero）的《活死人之夜》（*Night of the Living Dead*）里的僵尸试镜一样。但是，竞价购买搜索词是一回事，进行有效的付费搜索广告宣传活动又是另一回事了。使用付费搜索的广告主要非常注意对广告宣传活动的管理，就如同投资者要非常关注自己在股票交易所的股票交易一样。互联网上的交易在开市后会发生很多事情，而且永不闭市。

挑选合适的关键词需要技巧。如果你是卖用来给烧烤架上的牛排进行装饰的小型烙印工具的，那么挑选“牛排烙印模”才是合适的。如果你选了含义更广的词“烙铁”，可能会有很多牧场主点击（你要为这些点击付费），但可能并不会带来销售额。位于纽约州米尼奥拉的搜索营销咨询公司Didit有个极富智慧的口号：“别为流量付费，为购买者付费。”

就好像金凤花姑娘（Goldilocks）㊀一样，关键词不能太狭窄，也不能太宽泛，要刚刚好。如果不是刚刚好的话，可能会产生意想不到的后果。例如，如果你是销售建筑物的更换窗户（replacement windows）的，剔除掉“软件”“程序”这类关键词（防止你不希望的联系出现）是明智的。这样你就不用为那些搜索微软Windows操作系统带来的点击付费了。

有家搜索营销服务公司的客户是为军人提供服务的法律事务所。这家搜索服务公司购买的关键词是“不许问，不许

㊀ 由于金凤花姑娘喜欢不冷不热的粥、不软不硬的椅子，总之是“刚刚好”的东西，所以后来美国人常用金凤花姑娘（Goldilocks）来形容“刚刚好”。——译者注

说。”（Don’t Ask, Don’t Tell.）当这句话在网络媒体上大量出现时，为每次点击进行付费就变得非常昂贵了。好事过头，反成坏事。[4]

地理因素也是需要考虑的。如果你只在纽约州波基普西市（Poughkeepsie）提供更换窗户的业务，而不想接到其他地方的订单，并为其点击付费的话，你应该添加“波基普西市”，对关键词进行限制。

把每个关键词的点击数乘上关键词的数量，你就可以看到购买关键词是多么复杂了。不同的关键词在不同的时间段有不同的价格，可以利用的网络流量是不同的，引发用户点击或回应的比率也是不同的。这些价格、流量和比率变量在一天的某一刻或不同时间段也会发生变化。随着广告在搜索结果页上出现的位置变化，每个变量的有效性会发生相应的变化，投资回报率也会随之变化。

其他人的竞标会严重影响你的链接出现的位置。下面来看一个对你有利的例子。如果其他人不对你所选择的关键词投标，你就可以重新投标，以较低价格中标，甚至可能会提高你的广告在搜索结果页上的排名。这会提高投资回报率，当然前提是，你必须密切关注市场并抓住机会。相反地，互相竞争的广告主总是在不断更改标价，如果你落标了，你的广告在搜索结果页上就不会那么显眼了。当广告出现在搜索结果页上的位置变差时，你出合理价格才获得的能带来高投资回报率的搜索词，有可能突然变得不那么有效了。于是，你要么将就低效，要么提高标价。

那些搜索者赋予了大量含义或有极大兴趣的搜索词或关键词带来的每次点击都能以非常高的价格成交。《纽约时报》曾报道，在 2002 ～ 2012 年期间，像“人寿保险”这种关键词的价格从约 1 美元涨到了 20 多美元。[5] 此外，除了排在前三四名的广告位能获得很多点击次数外，其他广告位很少会获得那么多点击次数。而且，搜索结果页上也会有文字广告、文字链接（就是有下划线的词汇，这类广告是最不吸引人、最不生动的）或品牌建设类广告。

最后但也很重要的一点是，网民只会把 5% 的上网时间花在搜索引擎上面，而把 95% 的时间花在其他各种网站上。所以，不管是为了做调查还是为了购物，虽然搜索者（作为受众）已经更关注其所做事情，而且其意图也更为明确，但他们花在搜索引擎上的时间是非常短暂的。

2.3 购买注意事项

回顾搜索营销的发展历程，广泛采用各种创新，诸如拍卖销售、按点击次数付费的定价模式以及点击率之类的指标等，似乎是不可避免的。这些实践似乎很好地体现了网络广告主的利益。的确，付费搜索广告的支持者声称，广告主可以掌控自己与受众之间的联系。问题是，这种掌控的可靠性如何？

付费搜索活动看起来是那么透明和负责任（accountability），但广告主在进行这些活动时仍遇到了许多困难。几乎在他们刚把广告放在搜索结果旁边后，广告主就开始纳闷了：这些搜索结果有没有偏差？广告的排名一直是通过算法计算得到的。对广告主来说，应不应该出现广告或者在哪里出现广告，其决策都是暗箱作业的。广告主自然不喜欢这一点。这是一个“谁”(就算法而言，也可以说是“什么”)可以信任的问题。

此外，随着按点击付费定价模式的确立，点击欺诈(click fraud)事件也越来越多。其中的一种骗局是，竞争对手企业通过大量点击付费搜索广告主的链接，迫使广告主为假点击付费。

另一种与搜索有关的欺诈是劫页(page-jacking)，也就是把一个网站上的内容复制到另一个网站上发布。搜索引擎发送网络爬虫，用以检测并记录搜索词的出现。网络爬虫可以进行持续搜索，但是网络爬虫不是夏洛克·福尔摩斯(Sherlock Holmes)，也不是版权律师，它们检测不出来哪些内容是原创的，哪些是未经授权的复制版本。网络爬虫的搜索和记录是无法进行这种识别的，因此，搜索引擎公司会在搜索结果页的剽窃网站上也设置链接。虽然在搜索结果页上复制内容的排名可能会比真实内容低，但这却会吸取被剽窃网站的流量。

在搜索引擎营销的灰色领域常常黑化的另一个行为（有时也被称为黑帽搜索引擎优化（black hat SEO）被称为购买链接(link buying)。这在有机搜索中很常见，广告主为出现在网页编辑内容上搜索词附近的评论链接付费。我们已经知道，使用搜索引擎的广告主，比方说某个零售商，会因为博客作者在博客中赞扬自己的某些种类商品而付费，反正广告主本来就想为这些商品设置链接。这种由付费搜索引擎优化口碑（buzz）产生的链接排名会随着付费评论提及次数的增加而上升。虽然诸如谷歌和微软之类的搜索引擎公司强烈反对这一行为，有时还积极阻止这一行为（这一过程被称为谷歌拍打（Google slapping）），但要区分这种评论口碑是真实还是假冒的，则是非常困难的。

尽管数字搜索技术展示了喜人景象，但最大化搜索广告的效果，却并不像扣篮那么轻松。电脑可以进行快速自动的搜索，但很显然，付费搜索广告宣传活动却无法自动进行。

第 3 章

拍卖竞价与付费搜索广告的发展

早在20世纪90年代末，付费搜索广告本身就一直在寻找一种新的商业模式。那时已经历了商业模式发展的几个阶段。“如果搜索是一种宗教，那肯定是多神教。”SearchEngineLand.com的创始编辑丹尼·沙利文（Danny Sullivan）如是说。[1]

最初，搜索引擎营销只是美国在线和雅虎等门户网站为招揽客户而以特价出售的商品。在付费搜索的第一代，搜索引擎公司只给广告主提供了购买搜索结果页上付费列表排名的选择，即静态列表（static listing）。广告主为搜索结果页上规定期限内的同一位置上的关键词支付固定费用。所有的东西都是提前出售的，一旦出售就不可以改变，也没有什么回应，好像这些列表排名的价格都是固定不变似的。

3.1 搜索引擎营销的早期挑战

比尔·格罗斯（Bill Gross）创建了创业孵化器——创意实验室（Idealab）。1997年，他成立了搜索引擎营销公司GoTo.com。这意味着搜索引擎营销的发展艰难地向前迈进了一大步。起先，GoTo.com很像网络黄页。但是，格罗斯深受网上大量垃圾广告尤其是互联网搜索的困扰。格罗斯回忆说，20世纪90年代末，搜索结果页面上多达一半的列表与你的搜索完全没关系。[2]

那时，搜索引擎营销的名声已经不太好了。由于广告主不用花钱就可以显示在搜索结果页的有机列表上（这一列表链接到编辑页面上的搜索词），因此出现了大量低劣的诱购网站。如果点击了这些网站链接，并提交了联系方式，用户就会时不时收到发货单。即使有些人既没收到任何货物，也没接受任何服务，他们也会在不知道的情况下付了款。

与此同时，网上的展示广告常常是不友好的，尤其是对小广告主来说，更是如此。那个时候，销售网络广告就和销售印刷广告一样，主要是通过直销人员来进行的。通常，直销人员很难完成最低订单量。广告主须支付高额的固定价格，通常以千人成本来表示。

"这是大玩家才能玩的游戏。"蒂姆·卡多根（Tim Cadogan）认为，"小企业没法以较低成本在网上做广告。它们没有有效发言权。"卡多根是网络交易运营商 OpenX Technologies 的首席执行官。在 1999 ～ 2003 年，他是 GoTo.com 的高级主管。

而垃圾广告尤其让格罗斯恼火。"搜索结果的质量大大降低。"他解释道。1997 年，他花了四五个月的时间，第一次尝试去解决这个问题。格罗斯创办了一家付费搜索公司，由监管编辑人员（human curator-editors）对合法网站进行评估，评估通过后才能列示在搜索结果页上。这一尝试以惨败收场，格罗斯的监管人员根本无法跟上低劣垃圾广告产生的速度。

"垃圾广告发送者要了很多诡计破坏游戏规则。"格罗斯说，"到 1997 年 11 月，我们意识到这一解决方案很出色，但无法升级。"

格罗斯对搜索质量的下降深感痛惜。1997 年 12 月下旬的某一天，格罗斯与一些员工坐在创意实验室的办公室里。所有人都因改革付费搜索的努力付之东流而备感沮丧，抱怨不已。格罗斯漫不经心地听着他们的牢骚。这个新项目的失败，让他自己也感到非常沮丧，甚至感到有点屈辱。然后，他看到办公室的地上有本黄页。他认识到，这也是一种类似的搜索技术，只不过更传统罢了。一个想法冒出来了：黄页上从来没有垃圾广告。为什么？他突然想到，这是因为广告主为黄页上的展示广告付了费。不付费就不能刊登展示广告。

所有的广告主都知道，每个人都要为黄页上的展示广告付费，付多少钱广告就有多大。这一切都是完全透明的。广告主可以使用刊例价格表（rate card）。刊例价格表上规定了广告产品的零售价格。例如，整版广告价格定了，那 1/16 版广告的价格就是整版广告的 1/16。俗话说，一分价钱一分货。格罗斯想，为什么不把这条规则用于付费搜索呢？接下来，他把这一想法更推进了一步。他自言自语道：为什么不用拍卖竞价代替刊例价格表呢？如果迫使广告主付费，就能够把垃圾广告驱逐出去了，而且还可以使用投标在搜索结果页上对广告主进行分类。最高出价者可以出现在搜索结果页的最上面一栏，这是最惹人注目的理想位置。格罗斯现在还能记得自己告诉员工们这一想法时的兴奋感。但兴奋感没有持续多久。员工驳倒了他的这一想法，叫他忘了这一想法。

不过格罗斯的创意实验室大楼里有许多新创企业。它们都是小型企业，都在网上做广告。格罗斯在大楼里四处走访，询问他们：作为广告主，对这一想法有什么看法。他们都很喜欢这一想法。

“所有这些企业都在网上做横幅广告。”格罗斯说道，“所以我就问他们，‘你为每个登录你们网站的人付了多少钱？’”

很多人说不知道。“到那时，当我们说‘只为每个访问你们网站的用户的真实价值付费，你觉得如何？’他们听到后都很兴奋。”这一愿景触发了创意实验室的疯狂发展。1998年2月28日，在加利福尼亚州蒙特利将举办TED（技术、娱乐和设计）会议。格罗斯想在会上提出这一创意。

在制定新的商业模式的同时，格罗斯让销售人员出去和广告主签订合约。由广告主来证明该方案的可行性和经济优势。很快，他们就和100个左右的广告主签订了合约。全都是小企业。接着，格罗斯让几个销售人员专攻大企业，让他们至少拿下10家大企业的合约。最终，他们拿下了亚马逊、丰田和About.com等知名公司的合约。之后，在给其他潜在广告主介绍这个新项目时，销售人员都会拿这些大名鼎鼎的公司来夸耀。

但出人意料的是，就在TED会议前几天，好几个大广告主退出了。丰田、亚马逊和其他几个广告主担心GoTo的搜索结果页上会展示它们拍下的东西。这太透明了。于是，它们就取消了合约。格罗斯担心，这些大广告主的违约退出，会像滚雪球一般影响其他广告主。

几天后，当他登上TED的讲台向人们描述自己的这一绝佳创意时，他有种不祥预感：甚至在正式发布之前，这一构思就会分崩离析。他在听众中看到了几个有影响力的人物：

亚马逊的首席执行官杰夫·贝佐斯（Jeff Bezos）和 About.com 的首席执行官斯科特·柯尼特（Scott Kurnit）。结束演讲后，他扫视了一眼房间，觉得自己看到的肢体语言传递了不赞同的观点。没有人鼓掌，没有人竖大拇指。他记得，自己当时的意志相当低沉。

在礼堂外进行了一番礼貌但有点拘谨的闲谈之后，格罗斯拖着沉重的步伐回到了酒店。很偶然地，他和贝佐斯进了同一个电梯。

“你的演讲实在太棒了。”格罗斯记得贝佐斯这么对他说。

格罗斯根本无法相信自己的耳朵。“你说什么？”他问贝佐斯，“但 3 天前你撤销了我们的合约。”

这下轮到贝佐斯疑惑了。原来退出这一新的付费搜索竞拍模式，是亚马逊的一名低层管理人员做出的决定，而贝佐斯完全不知情。他向格罗斯保证，亚马逊会回来和格罗斯合作。

这一刻，付费搜索广告真正按效果付费（pay-for-performance）的广告销售模式开始了。

3.2 付费搜索竞拍

付费搜索竞拍是这样运作的：广告主选择某个关键词或短语作为搜索词，对搜索词进行投标。然后，广告主为搜索词提交一则广告。GoTo 的编辑核实搜索词与广告的关联度。通过以后，用户搜索该关键词时，这一广告就会出现了。[3] 但是，在这场竞价拍卖中，其他的投标者并没有被淘汰掉。这并不是赢家通吃的比赛。所有广告主，无论大小，都可以竞投付费搜索广告。出价低的投标者，其广告也会出现在搜索结果页上，只不过按照降序排位，出价越低者，其广告排位也越低。安德鲁·埃拉姆（Andrew Ellam）和马可·奥塔维亚尼（Marco Ottaviani）说："如果广告被用户点击了，就向广告主收取一次费用，即他们投标的出价。如果用户点击了多个广告，那么就会向多个广告主收取费用。用户不点击则不收取费用。"[4]

"这是一个转折点。"OpenX 的卡多根说，"在此之前根本没这种事情。这是一种全新的商业模式。GoTo 创造了付费搜索。"

这一新模式极大地鼓舞了营销人员尤其是来自小企业的营销人员。这种模式没有让营销人员承担过高的风险。进入成本低了。广告主出价一分钱都可以。虽然出价低就不能把广告放在搜索结果页最顶端的醒目位置，但不管预算多么紧张，广告主都可以参与到竞争中来。

GoTo 的这套新的广告销售体系使广告主可以进行有针对性的自助服务，也就是说，不需要直销人员这一中介了。广告主自行出价。交易可随时发生变化，也就是说，随着市场和自身所处环境的变化，投标者可以提高或降低出价。

有时候，这种竞拍销售具有很好的弹性。当出价和排名非常接近，竞争对手又没有改变出价来回应时，有时候少量提高出价，就可以大幅提升广告的排名，从而大幅提高流量和点击率。

GoTo 的创新让付费搜索广告变得简单透明。广告主知道自己竞拍的是什么，也知道自己提高多少价格就可以把广告排名提高多少个名次。他们可以与其他人比较各自的做法。这样，就可以凭经验进行推测，其他人竞拍的是什么，从而制定竞价策略。“（广告主可以）随时监测或修改自己的广告效果，愿意的话，每天都可以改变。”卡多根如是说。虽然这种竞价销售模式非常简易公平，GoTo 的业务却不可能像不扶把手骑自行车那样一帆风顺。GoTo 本来只是个有新创意的小型新创企业，但这只是小打小闹，要想成功的话，GoTo 就必须在被吃掉之前，从小米诺鱼长成池塘里的大鱼。GoTo 创建了新的模式，但把新的模式商业化则又完全是另一回事了。与其他的网络企业一样，即便对那些拥有卓越创新技术或者开创性商业模式的企业来说，要达到一定规模也都是个问题。

幸运的是，1998 年，GoTo 迎来了泰德 · 迈泽尔（Ted Meisel）。迈泽尔是付费搜索的领军人物之一。迈泽尔是名律师，毕业于斯坦福大学。到 GoTo 任首席运营官之前，他是麦肯锡的一位战略咨询师。迈泽尔意识到，GoTo 能否成功的关键是从网络搜索者那里获取更多流量。尽管 GoTo 的重心是搜索，GoTo 却没能获得自己所需要的流量增长。

对迈泽尔来说，要尽快达到规模是个复杂的挑战。GoTo 要同时完成三项艰难的任务：①让广告主使用搜索引擎营销。②获取更多的搜索业务。③保证 GoTo 及其合作者（提供搜索功能的门户网站）实现对广告主的承诺（包括对他们进行正确的收费)。

对广告主来说，搜索广告是件新鲜事，需要费好一番唇舌向他们解释。在当时，搜索引擎营销并不是大部分广告主的主要促销活动。在 1997 ～ 1998 年，基于千人成本进行销售的展示广告及其他赞助形式的广告，占了网络广告收入的 80% ～ 90%。

“网络广告的承诺就是，”迈泽尔说，“在合适的时间，以合适的价格将合适的广告呈现给合适的受众。”他现在是私募股权公司 Elevation Partners 的高级顾问。

为了实现对广告主的这一承诺，并让他们采用搜索引擎营销，迈泽尔的宣传标语突出了竞拍模式的公平性。“我们第一个提出，应该由广告主来制定合适的价格。”迈泽尔说，而合适的价格就是他们的“出价”。

保证广告投放给合适的受众较为简单。在搜索广告中，受众是否合适取决于这个人在寻找什么。

提高搜索流量才是个大难题。GoTo 的流量并不大，所以迈泽尔找到大型的门户网站（例如，美国在线和雅虎)，提出接管它们的搜索引擎职能。作为交换，他提出共享部分搜索广告收入。

这可不容易。一方面，不出所料，大型门户网站都觉得客户是他们自己的。为什么要和 GoTo 共享呢？何不独占从这些用户那里获得的搜索广告收入呢？这些问题是可以理解的，只是可能有点儿自欺欺人。这些门户网站和迈泽尔都知道，门户网站并没有从搜索中赚到多少钱。留在门户网站手里，搜索不过是亏本生意。

而另一方面，GoTo 还只是家不起眼的小企业。为什么能指望它会做得更好呢？事实上，有好几个原因。首先，GoTo 这一小企业有截然不同并非常吸引人的广告销售模式；其次，这一小企业一直都在关注搜索；最后，十分引人注意的是，GoTo 不仅提出共享搜索广告收入，而且向门户网站提供广告收入保证。

从某个角度来看，这些提议似乎是夸夸其谈，令人感到不踏实，就好比一个人想用食品救济券来提供餐饮服务。1998 年，GoTo 的总收入还不到 100 万美元，迈泽尔却提出向 MSN、雅虎和 EarthLink 等门户网站提供每年 2 000 万～3 000 万美元的多年收入保证，而向美国在线提供的年保证额高达 5 000 万美元。

据曾参与谈判的那些人说，迈泽尔总是很冷静沉着，既非常严谨又很有耐心。他的言行表明，他很清楚自己在说什么，却仍然提出提供多年保证。这些担保加起来高达数亿美元。迈泽尔不仅把 GoTo 所有的筹码都拿出来了，还加上了他觉得可以从未发现星系上获得的筹码。

当然会有人持怀疑态度，会斜着眼说："把真金白银拿出来看看。"对那些人来说，这些交易就好像是泰坦尼克号正在给自己制造冰山。谁知道互联网会不会持续增长呢？参与谈判的所有人都没有预料到，互联网泡沫和"9・11"恐怖袭击近在眼前。

"我们当时做这些事就有点异类。"迈泽尔说，"我们没有专有的算法。我们只占消费搜索业务的 5%。”

但迈泽尔打赌，从另一种意义上来看，其业务是有战略意义的，也极具吸引力。只有通过这种企业之间的联合，GoTo 才能增长，才能快速增长。

“很多人怀疑能否以这种方式出售广告，”迈泽尔承认，“但我们的模式的关键创新引发了一场竞争，竞争搜索结果页上的醒目位置。我们将出版商与广告主想要的定价方式连接了起来。我们使广告主能够很容易购买广告位。因此，我们就说，‘试一个月看看是否适合你。’”

于是，这些门户网站就签约了，随后广告主也签约了。自那以后，每当有人在这些门户网站上进行搜索，搜索请求就会立即发送给 GoTo，由 GoTo 来检索，并在门户网站的搜索结果页上发布搜索结果。大部分用户以为他们使用的是雅虎或美国在线的搜索功能。

有了联合协议，此后 5 年，GoTo 犹如火箭发射般迅速增长。因此，迈泽尔、卡多根以及其他格罗斯聘请的管理人员都全力投入到 GoTo 的成长管理中去了。到 1999 年，GoTo 的总收入已从 1998 年的不到 100 万美元飞速上升到 2 000 万美元了。到 2000 年，总收入翻了 3 番，达到 8 000 万美元。到 2001 年又翻了 2 番多，达到 2.5 亿美元。2002 年翻了一番多，达到 6.5 亿美元。在迈泽尔掌舵 GoTo 的第一个 5 年里，2001 年 GoTo 更名为 Overture 服务股份有限公司。2003 年，公司的销售收入达 10 亿美元。

广告服务和付费充满挑战。为了提高效果，Overture 让广告主提供信用卡。“我们的运作与自动取款机类似，”迈泽尔说，“广告主给我们支付一定的费用，我们从他们的账户里提款来支付相应费用。”随着 Overture 呈指数级增长，它处理的交易量比信用卡网络还多一个数量级。网络用户每次点击搜索结果页上的一个链接或广告，就是一次广告销售交易。Overture 的簿记就像不仅记录了这世上所有的蝴蝶，还记录了蝴蝶振翅的次数。“我们一分一秒也不能中断，”迈泽尔说，“信用卡发布机构则只需要每个月核对一次。”

按点击数付费的广告销售方式已成为互联网的现实。从 2003 年开始，搜索引擎营销的收入超过了（每年赚更多的钱）展示广告，成为网络广告的主要形式。（相比之下，在此期间，2001 年展示广告的点击率从 5% 以上跌到了不到 0.5%。）[5] 这可能是真正按效果付费的广告付费形式。“ Overture 这类搜索公司所产生的利润使人们认识到一个事实，大事要发生了。”丹尼·沙利文如是说。[6]

在迈泽尔的领导下，Overture 成为世界上最大同时也是最富创新的付费搜索公司。Overture 将竞拍销售和按点击数定价的付费形式引入了互联网，还创造了新的商业模式。不仅切实可行，而且创造了巨大的利润。5 年后，Overture 成为付费搜索广告领域的巨头。2003 年 7 月，雅虎宣布，以 16.3 亿美元的价格收购 Overture。

那么此时，谷歌在哪里？

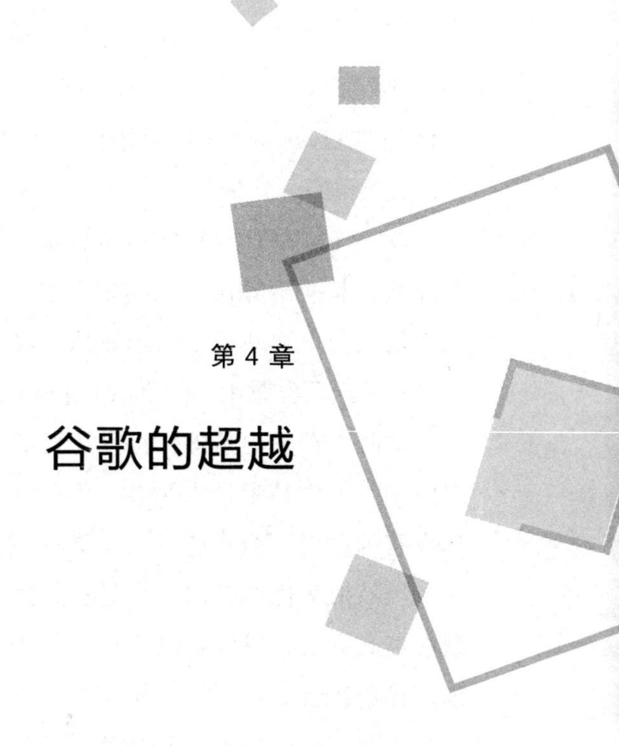

第 4 章

谷歌的超越

如今，谷歌是广泛公认的互联网巨人，但人们已很难想起当时的情况了：在 Overture 迅速成长为巨人时，谷歌还只是个小屁孩。不过，这个小屁孩还是有些有价值的资产的，即使是与 Overture 这样规模巨大、资金充沛的竞争对手相比，谷歌仍有一定的优势。

Overture 没有专有的搜索算法，而谷歌有吸引流量的专有算法，其搜索算法后来非常有名。相比之下，Overture 实际上是从门户网站那里租用流量，其 70% 以上的收入都给了门户网站。而谷歌则不用像 Overture 那样为流量付费。

同时，谷歌的品牌化也是个优势。很多用户觉得这些门户网站的搜索结果令人满意，但是处理搜索流量的 Overture 却没有因此而获得声誉。大多数时候，Overture 是在幕后操作。虽然报酬优厚，但一直是在默默无闻地进行一般性的搜索。与此同时，谷歌则成了搜索品牌。谷歌成了搜索的代名词，谷歌甚至成了一个动词。

谷歌有自己的流量和品牌。谷歌不仅获得了巨大的流量增长，而且可以保留 100% 的广告收入，不需要和门户网站分享收入，这是谷歌相对于 Overture 的一个巨大而持久的优势。必须租用流量使得 Overture 的盈利能力受损，而来自谷歌的竞争也越来越激烈。在这场艰苦的战争中，虽然谷歌的规模比 Overture 小，但谷歌从每次搜索中赚到的钱更多，这就削弱了 Overture 的规模优势。

4.1 关键词竞价广告的优势

2002年2月，Overture当时的市场份额仍比谷歌大，谷歌引入了一套新的定价方法，叫作关键词竞价选择（AdWords Select）。这一新方法保留了对搜索词的竞拍，但与Overture有一些重要的区别。Overture仅仅根据广告主出价的高低来进行排序，每次点击收取的费用就是他们的出价。而谷歌则根据广告主的出价乘以该链接的点击率来对他们进行排序。广告主在搜索结果页上的排名会随着广告的点击率发生变化。这意味着，出价没有达到最高价格的广告主，仍有可能排在最前面。

谷歌的关键词竞价广告是这么运作的。假设谷歌有两个广告主A和B。A对给定时段的给定搜索词的出价是5美元，而B对同一时段、同一搜索词的出价是10美元。现在假设谷歌根据以前与这些投标者交易的经验得知，A的点击率是0.4，而B的点击率是0.1。谷歌从A那里可以赚到2美元（5×0.4），而从B那里可以赚到1美元（10×0.1）。如果谷歌突出A而不是B的广告或链接的话，就会从这个搜索词上赚到更多的钱。所以，即使A的出价低，谷歌仍然会把A排在第一，而Overture则会把B排在第一。

与Overture直接根据出价排序的策略相比，虽然谷歌的关键词竞价选择定价策略要更复杂，更容易发生变化，也没那么透明，但却成了谷歌的一大竞争优势。谷歌不会告诉广告主其他人正在竞投什么。不过，这个策略却被认为是更公平有效的。有时候，即使客户对每次点击的出价可能比其他竞标者少，但该客户需要为广告更高的点击率支付费用，点击率更高的广告效果更好。他们会对那些更有效的广告支付更多的费用，因为其点击率更高。

按照谷歌的方法，那些刊登高效广告的广告主支出越多，其好处也越多。广告主的排名越靠前，点击率就越高。点击率越高，广告就越有效。谷歌掌控赌局，而一掷千金的赌客则觉得自己比其他的广告主具有更大更持久的优势。

谷歌的竞拍方式也与 Overture 不同。其竞拍方式曾经（现在仍然）被称为第二价格拍卖（second-price auction），这意味着竞标者并不根据其实际竞价付费，而是在仅次于其出价的竞标者的报价上再加一美分。假设 5 个广告主对指定时段内某一搜索词的竞价分别是 50 美分、33 美分、28 美分、17 美分和 12 美分。对他们的实际收费分别是 34 美分、29 美分、18 美分、13 美分和 12 美分。这样看起来会减少谷歌从竞拍中获得的总收入，但在 1961 年，哥伦比亚大学诺贝尔奖经济学奖得主威廉·维克里（William Vickrey）从数学上证明，卖家从第二价格拍卖中赚到的钱与更为人所熟知的艺术品拍卖（就是赢者通吃的英式拍卖（English auctions））基本上是一样的。谷歌搜索结果页排名第二的价格拍卖并不是赢者通吃。几乎所有的竞标者[1]都可以获得排名，并为每一次点击付费。第二价格拍卖还为买方提供了最简单的竞价优化策略。（如想更进一步了解拍卖的类型和竞价优化策略，请看第 7 章中有关展示广告位实时竞价的介绍。）

广告主对谷歌的新系统熟悉之后，知道这对谷歌和他们自己都是有利的。关键词竞价广告的定价模式使他们可以用更低的标价获得更高的排名，尽管他们支付了更多的总费用。我们假设某人从谷歌那里购买了“汽车保险”这一搜索词。买方为每次点击支付的费用可能高达25美元，这是个非常贵的关键词。但是这一搜索词的点击率可能高达50%。看到这个词的搜索结果的浏览者中，每1 000人就有500人会点击。这样就会给谷歌带来非常有效的千人成本（eCPM），即500次点击 ×25美元/次点击＝ 12 500美元。相比之下，一个优质网站上异常高价的广告，其有效千人成本可能也就只能卖到100美元。

支付更高的总费用看起来是很公平的，因为这种定价方式提高了广告的有效性（广告的排名和点击率更高了）。只要广告费用物有所值，广告主就不会介意谷歌利用这一定价系统从搜索结果中获取更多的利润。这样一来，越来越多的广告主被谷歌吸引过来了。

在这一期间，诸如雅虎之类的门户网站在其登录页面上加载了大量广告。而谷歌的页面却非常简洁，因为它都是从搜索中获得收入，而且由于关键词竞价广告定价形式从每次搜索中获得了更多的收入。

到2002年年末，谷歌的市场份额超过了Overture。谷歌成为付费搜索广告领域的领头羊，现在仍然保持主导地位。

谷歌的主导地位到底有多强？谷歌太强势了，称之为“付费搜索广告领域的欧佩克（OPEC）”都还小瞧了它。即使从石油危机发生的那一天来看，与谷歌相比，欧佩克也只不过是个校园小恶霸。2013 年，据 eMarketer 估计，谷歌的搜索广告年收入达 141 亿美元，占全美搜索广告年收入（199 亿美元）的 70%。[2] 而欧佩克成员国都加起来，也只占全球石油产量的 40%。[3]

4.2 付费搜索和谷歌的未来

然而，从某种意义上来说，谷歌与石油卡特尔很像。谷歌主要集中在一个市场上。虽然谷歌进行了多元化（浏览器、网络应用程序和安卓手机），2013 年谷歌近 91% 的收入来自广告，[4] 广告收入的 82.4% 来自付费搜索。[5] 据 SearchEngineLand.com 宣称，2013 年 12 月，谷歌占据了美国 67.3% 的搜索引擎市场份额。[6]

就目前而言，除了成为领头羊以外，谷歌还占据了网络广告的黄金领域。据预测，一直到 2015 年，搜索广告的收入都将持续超过展示广告。[7]

迄今为止，谷歌并没有进行足够落到实处（to be material）的多元化。现在看来，这并不算什么问题。一般情况下，在市场上占据主导地位是个优势。但这可能也意味着，那些限制搜索市场发展的变化，对谷歌产生的影响会更严重。美国很多采用直接反应广告的广告主，其所有的营销活动都是围绕着搜索进行的，他们也是最主要的用户。他们可能开始相信，现有付费搜索广告的有效性已经开始接近极限。作为对比，让我们来看看黄页业务。在像纽约这样的大城市，黄页上列有无数与律师有关的展示广告，还有无数页条目仅仅是与离婚律师有关的。并不是所有这些离婚律师的广告都是有效的，但是仍有很多律师购买这些黄页广告，因为他们认为，不买的话，他们在竞争中就会处于劣势。不管这种担忧有没有依据，这种担忧让黄页展示广告业务得以持续。

但这种担忧没有延续到付费搜索领域。搜索引擎公司并不能像黄页那样登录长串的链接，因为竞标者十分清楚，只有最醒目的那些链接（在堆栈的最顶端）才会被点击。这会抬高顶端链接的价格，同时也影响了人们对顶端以下位置上链接的竞投。这样一来，就限制了付费搜索有效链接的增长。

当然，有其他抵消因素推动了付费搜索广告的发展壮大。其中一个因素是，一般数字广告的整体崛起。自 2010 年以来，网络广告支出已经超过报纸广告支出。在受到评估的媒体中，网络广告仅次于电视广告。[8] 发表在 Bain.com 上的一篇文章报道："预计的增幅主要来自直接反应广告，特别是搜索广告。这很适合那些希望立即获得可衡量的投资回报率的广告主，通常以网站流量和买卖交易的形式来进行衡量。"[9]

博雷尔公司的研究显示，最近经济衰退带来的困境促使广告主尤其是中小企业广告主加速转向网络广告。"恶劣的经济环境促使广告主对他们长期依赖的黄页、报纸、电台、直接邮递等广告形式进行重新评估。在接下来的 5 年里，他们在这 4 种传统媒体上的广告开支预计会降低 19%，年均减少 34 亿美元。同时，地方性广告主的付费搜索开支预计会上涨

39%，年均上涨 2.42 亿美元。”[10] 这些预测趋势都已成了事实。2003 ～ 2013 年，营销人员花在直接反应类网络搜索广告上的开支一直都在上涨。[11]

付费搜索广告一直是其中的最大组成部分。

虽然搜索引擎营销取得了巨大的发展，谷歌也随之水涨船高，但搜索引擎营销的效果现在还不很明朗。如同展示广告一样，搜索引擎营销需要具有创造性，也需要进行妥善管理。如果我们能从品牌广告主使用广告网络平台的经验（参见第 5 章）中得到一些启示，能够了解搜索广告在将来能给我们带来什么，那么在懂得利用搜索引擎营销撼动大局之前，品牌营销人员还有很长一段学习曲线要走呢。

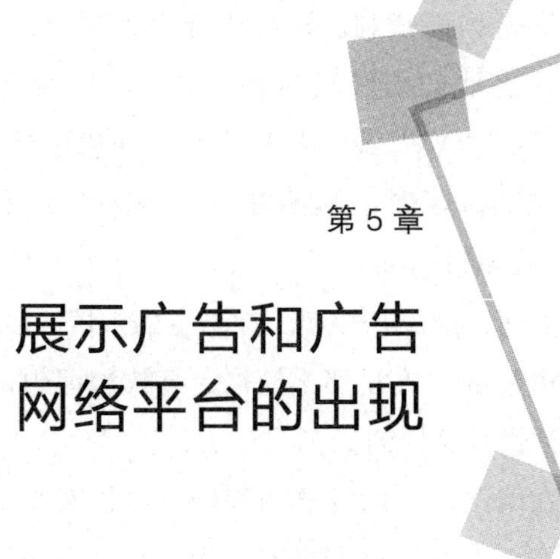

第 5 章

展示广告和广告网络平台的出现

自由企业的传奇故事告诉我们，市场追求的是效率。买卖双方忍受中介的存在，视之为“必要”之恶（a necessary evil)。我们得知，中介把那些本该由卖方所得或本该为买方节省的钱掠走了。相反，中介转售并非他们制造的商品，通过抬高价格而获利。这些中介令人讨厌，但也很精明谨慎。如果没有他们的低买高卖，那么价格通常都会反映商品的“自然”“真实”或从某种意义上来说是适当的价值，因此，中介被清除是其必然的命运。经济学家称这种清除为脱媒（disintermediation）。

然而，这只是故事，地球上的事情要复杂得多。[1] 地球上处理事情的方式没那么简洁、高效和理想，数字展示媒体市场自然也是这样的。

在网络广告的发展历程中，广告网络平台就是中介，通过抬高下游的价格来攫取利润。数字广告领域的许多人，尤其是经营网络广告平台的那些人都认为，如果没有这么多广告网络平台堵塞了媒体的自动分配过程，情况会更好些。

无论广告网络平台是必要之恶，还是只是数字展示广告市场发展历程中的早期阶段，最终都必将消失，但如果没有广告网络平台，那么网络广告可能也就不会出现了。技术可能会带来充满想象的突破性创新，很显然，数字媒体就是这样的，但新的行业必然需要辅助轮（training wheels）。

在第 1 章中，我描述了挤满中介的网络广告生态系统。为了解释清楚，在深思熟虑后，我提出了简化的中介分类，并将其比作收费公路。正如我所描述的那样，在网络广告的早期，出版商对出售广告位并不熟悉，也不内行，而广告主则往往缺少相应的专业技术知识来明智有效地处理整个购买过程。

虽然这个生态系统无疑是低效的，尤其是抬高了下游的价格，但如果认为所有中介都是不必要的，那么将是个非常严重的错误。在网络广告业务发展的形成期，到处都有很多东西要学。

互联网是个巨大引擎，在全世界范围内产生内容、提供服务和创造商业机会。但要处理互联网这一新媒体所提供的这一切，并不是件易事。在广告业，互联网的巨大使用规模和技术发展的惊人速度是一项全新的强有力整合。

所有这些令人生畏的新生事物愈演愈烈，因为在大多数时候，这种新生事物是在经济不稳定的基础上产生的。这种不稳定性永远存在，并将不断带来威胁。为什么会不稳定？因为不断呈指数级增长的网站和网页，[2] 这个行业的网络媒体一直都是供大于求的。在该行业历史的大多数时候，都是供应大于需求的。不妨想一想，在一年里我们会浏览无数网页，假设每个网页上有两个广告，那么平均下来，我们每个人每天都要接触（在线和离线的）几百个广告。

网络广告的供应一直很充沛，但也极为分散。对广告主来说，无数网页和无数个用户浏览某个页面的时刻就相当于一次复杂的购买训练。“过去 10 年来，网站的戏剧性增加，造成了媒体的分散。为了满足营销人员的需要、购买必要的广告位，买方想要管理大量的独立出版商变得日益困难。”福雷斯特（Forrester）分析师乔安娜·奥康奈尔（Joanna O’Connell）和迈克尔·格林（Michael Greene）这么说。[3]

此外，网络媒体是有很强的时效性的。不管网络出版商自诩其质量如何，也不管他们对获得溢价的期望如何，他们都有强烈的动机卖掉手头的东西。只有当用户正在浏览网页时，才有可能向他们展示广告，而下一刻用户就可能点击离开。如果你能获取用户一刹那间的参与和注意，得到点什么总比什么都没有好，对吗？只要力所能及，就要赚到这些钱。

出版商认为广告位转瞬即逝，如果可以依靠某个买方，即使是中介，把那些转瞬即逝的广告位卖掉，似乎也比让这些网页上原本可以展示付费广告的地方空着要好得多。因此，广告网络平台就出现了。也因此，必要之恶就出现了。

当供应大大超过需求时，如果市场效率低下的话，起初看起来的井然有序会马上沦为希望落空，丧失出售或者合理配置广告位的机会。

当然，这一灾难还不像核电站的损毁那样巨大。但如果你每天工作时都要面对这个问题，这可就是个不小的损害。

在网络广告的发展初期，广告代理商购买网络广告位是一项劳动强度很大的工作。广告代理商得为他们的广告主客户提供两种服务。第一，他们得找到合适的用户，向他们展示广告。第二，他们得找到足够多的用户，创造大众受众。长期以来，营销人员已经习惯了大批量购买电视观众、电台听众或大发行量的报纸或杂志读者。他们不习惯从大量的供应商（所有那些独立的网站）那里零碎地购买受众。因此，广告代理商还需要提供规模：大量数字用户。如果没有规模的话，在这样一个支离破碎而又凌乱不堪的网络世界，广告主害怕受众听不到他们的声音。

不过，通过直接从网站那里购买广告位来创建大量受众，我们不妨称此为“自己动手聚合”，这一可能性似乎很可疑。直接与所有这些网站单独接触，对广告代理商来说，无异于一个寻找复活节彩蛋的超大型游戏。

这根本不是他们原来购买媒体的方式。在网络媒体购买出现以前，大型广告控股公司会为所有的广告代理商把媒体购买聚合起来，进行大宗购买，把价格压低。这是因为大型广告控股公司的影响力很大，出版商迫切想要与他们进行交易。交易是通过谈判达成的。为了在谈判中达成协议，得到交易双方决策者的同意，个人关系是至关重要的。广告、展示位的购买以及对展示位效果的评估都是由人——团队来处理的。这些媒体购买团队没有从大量网络出版商那里购买媒体的经验，他们也怀疑即使能熟练地用碎片化的受众应付这些供应商（至少对他们的职业发展）又有什么用呢。[4] 与电台、电视和大众市场的印刷广告相比，网络广告一开始还不如广告这只狗身上的尾巴重要。

从卖方来看，事情同样是令人沮丧且不可行的。很少有出版公司不得不或愿意花费精力和费用去组建销售团队对数字媒体进行销售。在早期，出版商认为，对印刷媒体业务而言，网络媒体业务的附加值很低。他们出售的是媒体这条狗身上的小尾巴。

网络媒体的发展规模和速度非常快，加上在其发展早期，买卖双方在学习如何有效运用网络媒体等方面普遍缺少相关经验，找到别人来帮你处理这个问题就很值得一试了。广告网络平台能取得一席之地，就是因为其使数字媒体的购买过程更为有效。

有了广告网络平台，在进行每次广告宣传活动时，广告代理商不需要大费周折，就能购买到大量广告位，获得大量受众。这是一站式购物。他们可以给广告网络平台发一个广告订单（要求某一特定受众的媒体购买合同），然后一起埋单。

5.1 辅助轮

同样重要的是，作为媒体购买方，广告代理商及其广告主客户有时会体验到一种虚幻的安慰，觉得管理这一过程就像是在管理一群牲畜一样。所以，正如牧场主要盖畜栏驱集牲畜一样，广告网络平台繁荣起来了。广告网络平台把所有这些有生命和时效性的商品集中起来，防止它们走散或是滞留下来，并把它们送到需要的地方去。因此，认为广告网络平台是不可或缺的，这并不奇怪。它大大缓解了媒体购买过程中的痛苦，使媒体购买更简易有效了。

我们可从美国双击公司的角度来看这一新创行业的机会。温达·哈里斯·米勒德（Wenda Harris Millard）一直是杂志出版公司的高层管理人员。1996 年，他加入了这家新公司。当时，双击公司只有 12 个人。米勒德估计其销售收入在 5 万美元左右。4 年后，双击公司在 23 个国家有 3 200 名员工，营业收入 5 亿美元，其中 80% 是广告媒体销售收入。

通过从出版商那里获得他们认为自己无法处理的大量广告位（剩余库存），再像变魔术一样把这些广告位转变为大量（即使不是大众）受众，广告网络平台就获得了巨大的增长。

广告网络平台有很多种类型。有些只转售某一类出版商的媒体，如旅行或汽车爱好者网站。有些会转售多种出版商的媒体，但仅限于优质出版商。第三类广告网络平台强调将广告位投放给特定的受众，如不管从哪里找到的有钱用户。还有些广告网络平台以极低廉的价格出售广告位组合，但不能选择广告的位置，而只能让广告网络平台从他们的摸彩袋中抓一个位置给你，接受这些位置，希望物有所值。这种广告网络平台就是数字一元店。除了最后这种类型，其他所有类型的广告网络平台都可以在一定程度上优化广告位置（见下面的讨论）。

广告网络平台使广告主在购买媒体时更顺利有效了，使出版商肩上的风险降低了，但这些平台提供的服务和方案仍有问题。

5.2　路上的颠簸

几乎从一开始，广告网络平台的问题就出现了。广告网络平台把大量受众聚合起来，但并不能向广告主保证这些受众是其广告的合适受众，尤其当广告的目的是创建品牌时。

其关注的是创建品牌和培养品牌忠诚度，规模并不是一切。当然了，规模是必要的，但只有规模是不够的。

一个很大的问题就是广告位置不合适。一旦广告网络平台从数字出版商那里购买了大量广告位，即使是以惊人的低价购入的，他们也会面对出版商曾需要面对的紧迫性，那就是必须把这些广告位卖掉。而与此同时，对于在哪些位置投放广告，广告网络平台的选择度则远不如广告主。

虽然有时候广告网络平台会提供一份网站位置列表供广告主选择，但营销人员仍无法得知他们的广告会出现在何时何地，会被投放给哪些受众。

比如，游轮公司的展示广告可能出现在报道某游轮上的游客爆发痢疾或游轮沉没这种故事的网页上。这种不合适的广告位置对游轮运营商来说简直就是噩梦。如果广告主的目的是推广品牌，那么这些失误就会对品牌构成持续威胁，从而贬低品牌。当然，这些问题在其他广告媒体中也会出现，但对正在力图建立诚意的新媒体而言，出现这些问题还是有很大的不同。

一旦广告网络平台从出版商手里购买了广告位，对于广告会出现在哪里，广告主和出版商都没有最终决定权，而交由广告网络平台来进行控制，因此，要建立信任是很困难的。广告网络平台必须把库存中的广告位尽量卖出去，这意味着与他们自己的需求相比，广告主的需求优先等级较低。这往往会造成低效，有时甚至会造成灾难性的结果。这些例子根本不能表现出最优化的含义。

最优化充其量不过是理念罢了。缺乏广告位置的相关信息，也妨碍了广告主及其代理商对广告活动效果的评估。营销人员或许能确定广告宣传活动的总体情况，但无法知晓哪些广告位达到了他们希望的效果，而哪些广告位则效果不好。这样一来，他们就很难对广告进行精确调整，从而发挥其最大效果了。

另一个问题就是定价中普遍存在的暗箱操作。在广告网络平台代表广告主或其代理商对广告媒体进行部署之前，很多交易都是在幕后进行的。[5]广告主或其代理商并不知道广告网络平台在其转售的媒体广告位上花了多少钱，因此无法确定该媒体的真正价值。所以，最优化就如同是个暗箱，火上浇油的是，定价也是个暗箱。当然，其他广告媒体也出现了这些问题，但对于一种正期望获得广泛采用的新媒体而言，这些问题无异于绊脚石。

广告主及其代理商唯一能够确定的事情是，广告网络平台从出版商那里购买媒体所花费的价格比广告代理商支付给广告网络平台的价格要低。他们知道，广告网络平台通过将媒体转售给自己而赚钱。于是，就产生了无休止的猜测：他们可用低于付给广告网络平台的价格直接从网络出版商那里购买相同的媒体。无论如何，广告网络平台赚的钱是整个市场的症结，并导致了一定的积怨，广告主和出版商都对此不满。

这一存在中介的情形也导致了“渠道冲突”。那就是，这种情形导致广告主真的从所谓的优质出版商那里直接购买广告位时，他们却支付了更高的价格，广告主对此感到不满。

这是因为，中介从向广告主收取的价格中赚取利润，而广告主已经意识到，如果自己可用较低的价格从广告网络平台中购买剩余的广告位，为什么还要用高价从出版商那里购买呢？而出版商已经知道这一切。如果我可以从广告网络平台那里以较低价格买到剩余广告位，何必支付溢价呢？广告主会这么想。

这使得广告主对整个定价体系产生了许多疑虑。广告主想，如果中介有钱可赚，那么出版商对直接卖给自己的广告位一定会设定更高的价格。广告网络平台赚了钱就说明，出版商卖给广告网络平台的广告位价格要比直接卖给广告主的价格低得多。当然，这只是猜测罢了，正如嫉妒一样，没必要去严格证实猜测，从而破坏这段关系。

从一开始，这一商业关系就充满了令人厌恶的猜忌。广告主仍需要依赖第三方——在这里是广告网络平台，把受众聚集起来，并保证自己广告的一群特定受众会带来最大的收益。为什么要相信他们？与出版商一样，广告网络平台也面临一个当务之急，就是要把所有买到手的广告位都卖掉，而不仅仅是卖掉那些对广告主来说最好的广告位。让广告主来选择自己的受众，使自己的广告受众得到完全的保证，那岂不是更好？还有，让广告主自己来决定网络媒体的合理价值并影响其价格，岂不也是更好？

这一市场必须有个解决方案，让中介机构能够发展并获利。

我们这就需要来谈一谈实时竞价。

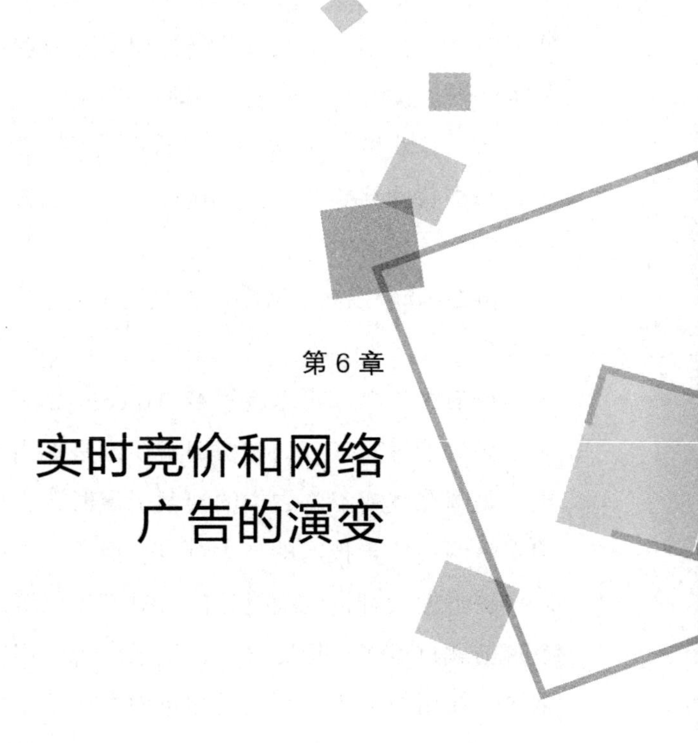

第 6 章

实时竞价和网络广告的演变

使用实时竞价购买网络媒体来发布展示广告有巨大市场。实时竞价是营销人员及其广告代理商可以使用的最热门的新技术之一。我们将对此进行详细解释。

诸如谷歌和 OpenX 之类的许多公司，都创建了网络交易平台来出售网络媒体位置，这样，广告主就可以在上面展示广告了。

自 2010 年以来，数字广告见证了网络交易平台实时竞拍的兴起。

在第 3 章中，我描述了 GoTo.com 如何开发出在线拍卖来销售付费搜索广告。付费搜索广告是指当人们使用诸如雅虎、美国在线或谷歌之类的搜索引擎时会出现的广告。在线拍卖是网络广告技术的一大进步。但是，这些拍卖活动是在用户进行搜索查询之前进行的。对广告位置的竞价可能在几个月前就进行了。相比之下，展示广告的实时竞价发生得非常快。在用户请求网页之后和页面发送给用户之前，所有自动拍卖和广告位置都会在 0.2 秒内发生。（第 7 章将逐步描述这一过程。）

但是，展示广告的实时竞价之所以重要，并不仅仅因为其飞快的速度。由于若干原因，实时竞价从根本上改进了网络展示广告的交易：①实时竞价为网络广告变革奠定了基础。②实时竞价加快了展示广告的发展。③在不到 4 年的时间里，随着移动设备上的广告越来越普遍，实时竞价的影响作用将更加显著。

6.1 实时竞价改变了广告主、出版商和潜在客户之间的关系

实时竞价改变了广告主、出版商和潜在客户之间的关系。要想理解这一改变的巨大程度，与繁忙高速公路边的广告牌上的广告比较一下就知道了。广告主对他们的受众有什么了解？这些受众只不过是司机或公交乘客罢了。在受众的选择方面，使用高速公路广告牌的风险非常大。

在受众聚合方面，尽管网络广告比广告牌做得更好，但在很多情况下，同样没能让广告主充分知情。在过去，网络广告主必须依靠出版商把受众聚合起来。他们得相信出版商提供的受众细分会给他们带来好处。有了实时竞价，他们不用再轻易相信出版商了。

通过使用实时竞价系统，广告主购买了把广告投放给单个用户的权利。广告主不用像购买成串的葡萄一样购买其受众，不用再进行大宗购买了。

尽管网络拍卖的速度很快，其仍给广告主带来确定某个既定用户是否是某一给定广告的合适受众的机会。广告主可以通过对用户进行动态竞投来选择适合自己的受众。广告主有机会来创造自己的最佳受众。与其依靠中介来为他们做决策，不如广告主自己做主。

此外，广告主对广告支出也同样具有选择权，因为他们可以决定出价。这意味着广告主可以更精心地选择广告面向的用户，广告主对这一选择是更明智的。当然，这一选择过

程也是更加透明的。

因此，实时竞价从根本上改变了原来被动的受众聚合方法。在某种程度上，这有点儿像通过诸如 iTunes 之类的音乐服务购买单首歌曲，而不是整张光盘。广告主只需按件买他们需要的广告空间，而受众就类似于广告主的播放列表。

许多广告主很了解他们的客户。他们自己的数据库里就有堆积如山的客户数据（可称之为第一方数据）。有了实时竞价系统，他们现在可以利用这些数据决定自己的最佳受众。事实上，他们可以知道客户的观看和购买偏好及购买行为。广告主可以精确地选择他们希望获得的目标受众。他们可以创建自己的受众，想要多少受众就可以有多少。

“购买单个广告位，这是个巨大的转变。”菲利普·斯莫林（Philip Smolin）认为，“百年来，营销人员一直把内容作为受众的替代物，他们现在终于可以直接锁定受众了。”斯莫林是 Turn 股份有限公司的高级战略副总裁。该公司是个品牌机构营销软件和分析平台。

广告主可以选择与出版商、广告网络平台或需求方平台合作，把受众聚合起来。不过，广告主不用再不加鉴别地被动依靠他们去预制受众，通过暗箱操作来提供受众。随着网络交易实时竞价的出现，广告主可以积极参与受众聚合过程，并且可以确定自己购买的受众是能给自己带来最大收益的潜在客户。因为只要广告主愿意，就可以自主选择他们。

6.2 实时竞价对广告成本的影响

通过实时竞价购买的广告价格会更低。广告主不需要再以出版商预先设定的价格购买广告位了。当广告位的供应大幅超过需求时，竞拍可以压低价格。在互联网出版业就常常是这样的。此外，自动拍卖剔除了广告网络平台等中介商，消除了他们的加价。

这种销售方式也可以为出版商降低成本。原来需要销售人员和支持人员处理的繁琐耗时的职能，现在都被自动拍卖替代了，因此，销售人员可以与最佳客户协商，更有效地工作。在很多时候，少数客户为出版商带来了大部分的收入。让高级销售人员特别关注关键客户，而以实时竞价的方式自动管理大量的小客户，这就会大有收益。这会提高销售职能的有效性，同时减少不必要的管理费用。实时竞价带来的效率也可为广告主降低媒体的价格，同时使出版商能从更多广告位中获取更多利润。

除了降低价格以外，实时竞价也能让广告主更准确地确定受众的价值。以前，受众是成群出售的，是由出版商而不是广告主决定如何对受众进行细分的。受众细分以预先商定的价格一起出售。当然，对任何给定的营销活动来说，即使是某一细分后的受众内部，不同的用户也具有不同的价值。但广告主大批量购买，事实上为捆绑包里的所有广告位和所有受众支付了相同的价格。

“说白了，有些钱因为效率低下而浪费掉了，”大型数据供应商 eXelate 公司首席执行官马克·扎戈尔斯基（Mark Zagorski）说，“不能精准锁定带来的模糊性问题对媒体所有者出版商来说是很严重的。他们不想只把广告主想要的受众卖给他们，而是想把所有的受众都尽可能地卖出去。”

有了实时竞价，只要广告主愿意，他们就可以利用数据锁定单个潜在客户，而不是购买站点随机（run-of-site）[⊖]广告位，期待这些客户会浏览这些广告。

“汽车制造商可能会愿意花费一笔钱锁定一个正在线浏览‘家用汽车’的人，而且会愿意花更多费用在他们相信非常有可能进行实际购买的某个人身上，他们知道这些人也许已经预定了试驾，查看过某一车型的不同规格或价格保险。”行业出版分析师乔·鲍曼（Jo Bowman）如是说。[1]

6.3 实时竞价促进战略锁定

制定实时竞价策略时的选择过程鼓励并促进广告主对其赋予个体客户的价值进行微调。有了实时竞价，在确定受众价值时，广告主无须进行猜测。

“实时竞价促进买方更精确地评估自己所购买东西的价值。”网络交易平台运营商 OpenX 的首席执行官蒂姆·卡多根说，“你可以通过实时竞价对那些真正对你有价值的广告位进行竞拍。”

⊖ 站点随机是一种广告购买方案，广告可能出现在目标网站的任一页面上。http://www.marketingterms.com/dictionary/run_of_site/.——译者注上面两段描述了实时竞价对战略锁定的两个“促进”。那么广告主是如何更精确地了解某个特定受众对他们的价值的？这个问题的答案就在于拍卖的速度促进了反复试错，使得整个过程既快捷又方便。反复试错加上反复修正，就产生了精确性。

我们来举例说明。假设一开始很难衡量某些广告位的价值。广告主以在拍卖中胜出的价格购买了这些广告位（价格可能过高了，也可能过低了，或者正好。谁知道呢？）。一旦他们对个人受众做广告，他们马上就能知道受众对特定广告的反馈了。不管广告主选择的是哪种衡量标准，如果根据这个标准，某些受众不能带来令人满意的投资回报，广告主要么可以以更低的价格竞拍同样或类似的受众，要么可以去购买那些看起来更有利可图或价格更低的受众。广告主可以像做实验一样不断重复这一过程，甚至可以用控制组与试验组进行对比，根据真实的结果调整他们对受众的估价。

只要广告主不过度迷恋他们最初选择的媒体方案，拒绝改变，快速反馈可以促进快速持续地学习。[2] 广告主可以马上知道哪些是有效的，把广告投放给哪些用户最有利可图。这样，他们就可以快速改进对客户的锁定、购买的媒体以及广告内容的创意。

“规则就是，把花在媒体上的每一分钱都用在刀刃上。”搜索引擎营销咨询公司Didit.com的首席执行官凯文·李（Kevin Lee）[3] 这么说，“数字营销不会是个一劳永逸的过程。”[4]

使用实时竞价购买网络媒体的主要好处是，在竞价时，对什么是真正有效的媒体极富洞见。因此，使用实时竞价竞拍媒体已被证实是非常有效的。以下是一些研究结果：

→ 2010 年年末，4 个大型需求方平台测定，实时竞价的平均效果比传统的网络随机（run-of-network）[5] 购买方式要高 749%。

→ 2011 年四五月份，在谷歌举办的广告交易平台活动中，实时竞价与非实时竞价机制的对比显示：实时竞价把千人成本降低了 19%，把点击率提升了 0.06 个百分点，点击率从 0.09% 提升到 0.15%。[6]（0.1% 的点击率意味着每一千个浏览网页的用户中就有一个采取了行动，这是一个很不错的结果。这里提升了 0.06 个百分点意味着提升了 50% 以上。）

→ 更重要的是，根据广告主设定的衡量标准，4 大需求方平台通过实时竞价购买的媒体带来的投资回报是非实时竞价带来的 2 倍。[7]

6.4 实时竞价展示广告与付费搜索广告

多年来，展示广告一直承诺会比付费搜索广告优越。展示广告提供了多种富于创意的方式，而不仅仅是搜索结果页上的一个广告位或者链接。如果精心制作的话，展示广告可以更让人身临其境。展示广告提供了丰富多样的媒体方案，例如扩展窗口、动画和全动态视频。

此外，展示广告能增强广告宣传语（sales pitch）的创意和有效性。例如，假设你是豪华汽车制造商宝马，通过熟练地利用数据，你可以把宝马诱人的宣传语投放给那些你已经确定在近期搜索了雷克萨斯（Lexus）车或者浏览过雷克萨斯网站的用户。这一技术被称为搜索重定向或网站重定向。展示广告的这种重定向技术与搜索广告大肆宣扬的关键卖点具有相同的目的。

但是，展示广告的售价仍比付费搜索广告低。广告主更看重搜索广告，这是因为搜索引擎用户被认为更集中、更专注、目的性更强、更倾向于采取行动。这些用户利用搜索网站学习东西，而不是在眼球还没准备好刺激自己迟钝而毫无动机的神经元之前，被动地感知闪现在他们面前的展示广告。至少，这就好比是一幅讽刺画，描绘了这两类广告理应起的作用。

由于大家一直认为，搜索引擎用户有更强的目的性，自 2003 年以来（自实时竞价诞生至今），付费搜索广告的销量超过了展示广告。然而，与展示广告相比较，付费搜索也有缺陷。点击率高的搜索词可以按每次点击高达 25 美元的高价售出。此外，搜索结果页上只有少数位置值钱，因为只有顶端三四个位置上的广告会被点击。而且，搜索结果页广告也并不是那么吸引人，通常是由文本行、文本广告或链接构成的。而这些广告常常是最无趣、最无法令人投入、最难以建立起良好品牌形象的。或许对品牌建设来说最重要的是，网络浏览器用户大约只会将其 5% 的上网时间花在搜索引擎上，而把

95% 的上网时间都花在其他方面。搜索引擎用户的目的性可能非常集中，但它们出现的时间实在太短暂了。

6.5 实时竞价和展示广告的增长

自 2010 年以来，为展示广告提供实时竞价的网络交易平台开始出现，并成功克服了广告主最初的惯性阻力，呈现出强劲的发展势头。“如果回到 2010 年，当时对很多人来说，实时竞价与其说是事实，还不如说只是个概念，”蒂姆·卡多根说，“而现在它已成为主流现实。实时竞价的规模不断扩大，大家都很重视这一领域。”在 2009 年年初，蒂姆·卡多根所在的 OpenX 公司运营的网络交易平台开始提供实时竞价服务。

越来越多的广告交易平台使用实时竞价来出售展示广告位，由于部分受到这一趋势的推动，展示广告现在的增长速度已经超过搜索广告。2012 年，搜索广告同比增长了 14.8%，而展示广告增长了 19.9%。2013 年，搜索广告增长了 14.9%，而展示广告增长了 20.8%。一份 eMarketer 的预测报告显示，到 2014 年，展示广告的增长率为 23.8%，远远超过搜索广告 13.4% 的增长率。[8]

不过，如果把这看成是龟兔赛跑，那么则会产生误导。事实上，这是两只兔子之间的赛跑：在美国，付费搜索广告和展示广告是其中增长速度最快的两种广告形式。(增长速度更快的两种形式是手机和数字视频，而这二者的基数比展示广告和付费搜索广告都要小。)[9] 网络广告中，展示广告的实时竞价是在稳步增长的一种新媒体销售方法。根据 2014 年 6 月 eMarketer 的一份预测报告，2014 年，通过网络交易平台的实时竞价，将会有 49 亿美元的数字展示广告支出。这 49 亿美元占数字展示媒体支出的 22% 左右。到 2018 年，使用实时竞价的展示广告支出将超过 125 亿美元，几乎占全部数字展示广告支出的 30%。[10]

2013 年，付费搜索广告的销售额达到 199 亿美元。[11] 展示广告的销售额达到 178.4 亿美元。[12] 尽管网络展示广告的年销售总额仍然略落后于搜索广告，但网络展示广告再也不是那个骨瘦如柴的小兄弟了。正如 eMarketer 所预测的那样，到 2015 年，展示广告支出将会超过搜索广告支出。[13] 据 eMarketer 预测，到 2018 年，搜索广告会达到 321 亿美元，而展示广告会达到 408 亿美元，占网络和手机数字广告的 50%。[14]

当网络展示广告开始实时竞价时，出版商主要是利用交易平台把那些自己卖不出去的剩余广告位卖出去。“这些剩余广告位只是残渣罢了，”Turn 的首席执行官比尔 · 戴玛斯（Bill Demas）说，“处于最底层的底层。”但实时竞价已经成为一种非常有效的媒体销售方法，通过网络交易平台销售的广告位，其质量得到了迅速提高。虽然通过网络交易平台的实时竞价进行销售的数字展示广告只占所有数字展示广告销售收入的 22%，[15] “我们知道，这个数字会超过 50%，”戴玛斯说，“实施实时竞价的网络交易平台显然是网络广告的主力军。”

但是，宏观统计数据，如年销售额的增长率，并不能勾勒出实时竞价引起的实践变化带来的体验。了解人们在日常商业活动中如何使用实时竞价，会有助于理解这一点。在第7章中，我们将拉开帷幕，看看这是怎么发生的。

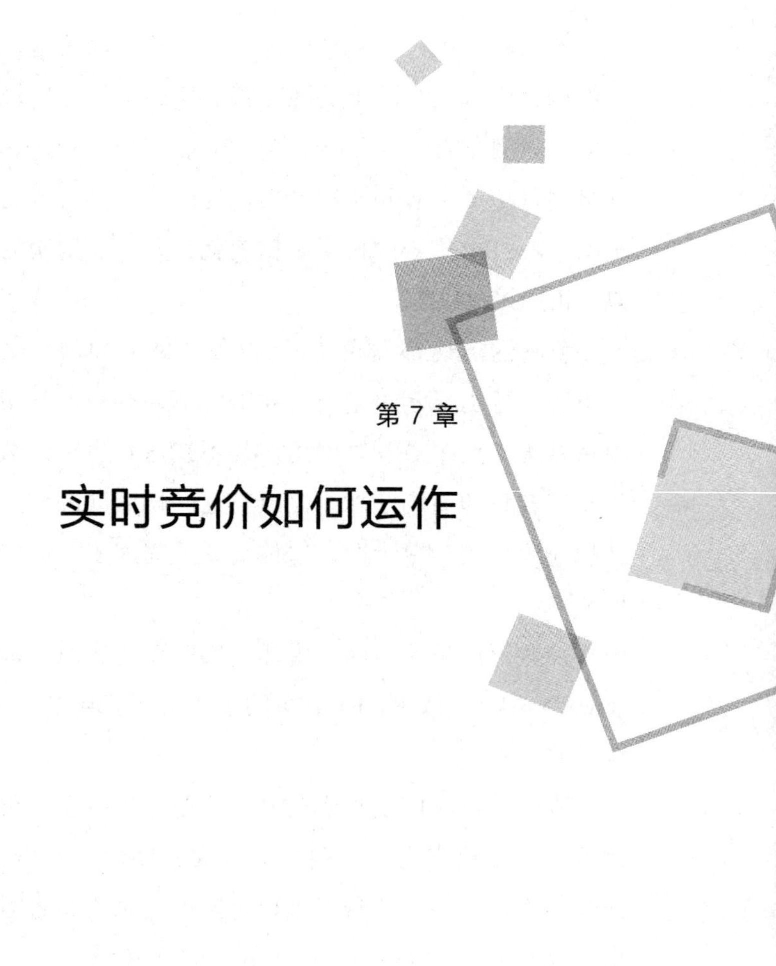

第 7 章

实时竞价如何运作

当互联网用户在浏览器地址栏上输入网页地址，点击回车键后，广告主会马上关注即将出现的这一用户极其短暂的注意力。潜在的广告主很快就会发现该用户的个人生活方式、网络浏览历史记录和购物习惯。这时，为了获得向浏览该网页的用户投放广告的机会，拍卖就开始了，拍卖的中标者可以向用户投放广告。

所有这一切都发生在不到 0.2 秒的时间内，比网页在用户电脑屏幕上显示出来所需要的时间还要短。一切都在幕后悄然发生。大多数互联网用户都不知道发生了什么，即使他们及其转瞬即逝的注意力是所有这一切活动的焦点。当网页出现在用户的屏幕上时，媒体交易就完成了，广告也就随之出现。

一些评论员说，网络媒体的实时竞价像纽约证券交易所（New York Stock Exchange）的股票交易。但这一类比只有部分是准确的。

股票交易和网上拍卖的共同点是，进行了竞价，中标者付费。在股票交易中，购买者以卖方接受的价格获得股份；而在网上拍卖中，广告主则以卖家即网站发布者可接受的价格，获得那一时刻在网页上向某个互联网用户投放广告的权利。

像股票交易所一样，网络交易平台收集库存，即网页上的广告空间或广告位，并把交易集中在一个中心。不妨想象一下，如果你必须去一个股票交易所购买航空公司的股票，然后再去另一个交易所购买汽车制造商的股票，那是多不方便啊。曾有一段时间，在线展示广告业务就是这样的：根据细分的类别创建了很多广告网络平台来出售各种广告位，这是印刷和传统媒体广告网络遗留下来的习惯。因此，广告主往往不得不到多个广告网络平台挑选媒体，相当麻烦。但随着网络广告交易平台的出现，这一切都变了。现在，广告主只去一个交易平台，就可以对多个网站的广告位进行投标。

股票交易和在线广告交易的一个很大区别是商品的寿命。在股票交易中，各种公司的股份在交易前后都是存在的，而在在线展示广告中，只有当某个特定用户访问某个特定的网址并看到这个广告时，广告位才存在。互联网用户把注意力转向屏幕上的网页上时，正是他这一刻的行为创造了广告时机和广告位本身。当用户点击广告，他正是通过发布该广告的媒体做出回应。

每当通过实时竞价拍卖广告位，都会有那么一个时刻，需求方平台或广告代理商交易部门的某个人必须决定是否出价和出多少价。系统会自动提醒他们，在某个网络交易平台上将出售某个特定广告位。他们可以回应，也可以不回应。此时，如果邀请出价投标，这就是投标申请（bid request），有时也称搜索请求 (query)。在网上拍卖中，投标申请和拍卖商请受众对标的物出价是一样的。

“就把它想象成跳球好了。”Right Media(现在为雅虎所有)前主管拉姆齐 · 麦格罗里说，[1]“只不过，在网上搜索请求发生的速度比一眨眼的功夫还快。”

这些投标申请在急剧增多。2011 年 1 月，Turn 的投标决策系统上发生的广告搜索请求次数达到历史最高纪录，每秒10万次。“而到了2014年4月，我们每秒有130万个广告位。”比尔·戴玛斯说，“在3年间，我们的实时竞价的流量增加了10倍。”

这就好比把每秒钟内流经尼亚加拉大瀑布的每滴水都挑出来，对其进行定价，然后竞拍。而这只是一家公司而已。

这听起来令人惊讶，但情况确实如此。拍卖、广告投放以及网页出现在用户屏幕上，所有这些都在千分之几秒内发生。非常复杂的过程就在无形中轻轻松松地完成了，让人分不清到底是技术还是魔法。

事实上，如果你考虑一下发生的事情，你肯定会对实时竞价有一些疑问：

- → 在竞价过程中，如何知道谁会打开某一网页？
- → 广告主怎么就能那么快地确定给那个人展示广告到底有多少价值呢？广告主事先完全不知道某个用户会打开某个网页。这不像是在大众流行的电视情景喜剧上发布广告，广告主早已了解这些受众的人口统计特征。
- → 广告主如何确定出价多少？
- → 交易平台如何在很短的时间内进行拍卖并确定谁中标？

实时竞价魔法背后的原理

为了更好地理解实时竞价，让我们到幕后看看实时竞价是如何一步一步进行的。

1. 假设你正在使用（浏览器）。在空白的地址栏上，你键入自己想浏览的网页地址。我在出版集团赫斯特工作，所以假设你想要浏览的是我们的一个网站：www.cosmopolitan.com
2. 你一打入回车键，浏览器就会向赫斯特网站的主机（即我们的服务器）发送网页请求。你请求的网页就是该网站的一部分。这一请求就叫作获取请求（get request），是由超链接编码组成的。
3. 我们的主机与众多供应商的计算机系统一起，把与编辑内容有关的编码发回到你的电脑，这样就可以再次生成你想要的网页了。这一编码会把文字、图片、其他的网页编辑内容及其格式等信息都发送给你。
4. 另外，我们的服务器还会发送一些其他编码到你的电脑上，这些编码就是广告位编码（ad tag）。这些编码与你请求的网页上可能出现的广告有关。这种用JavaScript脚本语言编制的广告编码发送到你的电脑后，会自动运行，提醒进行广告交易。接下来我们的服务器会通过你的浏览器发送交易请求，这叫作广告呼叫（ad call），要求在页面的空白处做广告。
5. 收到广告呼叫后，交易平台就知道有一次拍卖的机会了，接着就会在你看到的网页上发布广告。广告呼叫也给予了交易平台访问你的权利。

我们的服务器如何知道你的所有情况？当你第一次访问

我们的网站，我们会发送一段叫作 cookie 的编码到你的电脑上。这是一串文本编码。图 7-1 就是一张 cookie 的图片。[2] 作为一个标识符（identifier），cookie 是霸道而隐秘的。cookie 的文本编码并没有办法确定你的特征。与你的车牌号或手机号码一样，cookie 和你并没有太多的关系。但是，如果你再次浏览我们的网站，我们就会检索到你第一次访问时我们设置在你电脑上的 cookie，所以我们就知道你原来访问过我们的网站了。

```
ad-id=A6Y69bSbwU-yo968C00-LwI; ad-privacy=1
```

图 7-1　这里显示的编码是一个设置在访问赫斯特网页的用户电脑上的 cookie。

在你第二次访问时，我们就会发送另一个 cookie。cookie 通常是一串较短的编码，不超过 256 个字符。通过利用 cookie，我们可以在网站上把用户的访问记录下来。随着访问次数的增加，我们记录的访问信息也越来越多。这一访问记录会存在我们的电脑里。我们设置和检索的 cookie 是完全匿名的，并没有与其相关的个人身份信息。这就好比你匿名参加了我们举办的一次会议，你佩戴的名牌是空白的。我们不能确定你是谁，但我们通过你佩戴的徽章边框的颜色和形状，就能看出你是参加赫斯特集团会议的客人。这就是设置在你电脑上的 cookie 所做的事儿。而且，只要愿意，你就可以随意删除这个 cookie。（第 11 章将更详细地讨论这一点。）

6. 现在交易平台可以读取你电脑上的cookie。(假设你之前就上过网，也看过交易平台的拍卖所产生的带有广告的网页。)
7. 如果该交易平台以前就进行过拍卖，并把广告发送到了你的电脑上，它就会在你的电脑上设置一个cookie。
8. 该交易平台发现了原先设置在你电脑上的cookie，这样交易平台就知道你曾经看过其发布的广告。
9. 该交易平台在自己的电脑上给你设置了一个独特的编码标识符。这些标识符是加密的。假设该交易平台给你设置的编码为ABCD。我们再次说明一下，这段涉及你的编码仅仅是编码串，不是你的名字或其他个人身份信息。
10. 该交易平台会把你的编码标识符发送给所有的广告主、需求方供应平台、广告网络平台和其他参与该交易平台上的广告拍卖的各方。这段编码会提醒他们有一个发送广告给用户(你)的机会，你在该交易平台的编码就是ABCD。它会告知参与的各方，将会进行一次竞拍。
11. 当交易平台给那些参加竞拍的企业发送广告呼叫时，那些企业就能找到他们设置在你电脑里的cookie了，因为这些企业参与过之前的竞拍，并中标过，从而曾把广告投放给你过。
12. 另外，潜在投标者也可以利用其他与拍卖无关的机会在你的浏览器里设置cookie。例如，你可能已经访问

> 过某个广告主的网站，并进行过注册，那么这个广告主就会在你的电脑里设置一个 cookie。竞拍中的每个潜在参与者都可以通过检索你电脑中是否有他们设置的 cookie 或者查找你在他们各自数据库中的记录来了解你。这个记录会显示他们在过去何时以何种频次向你发布过广告，也包括你访问的网站的类型等信息，据此他们就可以判断之前的广告是投放在哪些地方了。

每个广告主（或更有可能的是为他们服务的企业，如他们的需求方平台、广告网络平台和广告代理商）都已经建立了一个侧写文档（profile），记录你浏览过哪些网络内容及看过什么广告。例如，在这个文档中，他们可能会注意到，你访问丰田的网站时，就已经看过丰田的广告了，在宝洁（Procter & Gamble）的网站上，你已经看到过尿布的广告了，或者在福布斯的网站上已经看到过富达的广告了。他们不知道你的名字，但很了解你的浏览情况和购买习惯，而且会一直扩展这一侧写文档。

诸如丰田、宝洁、富达之类的广告主可以把这一侧写文档汇集起来，因为他们的广告代理商或者需求方平台已经代表他们参加过拍卖了。他们汇集编辑的这一侧写文档与他们为你设置的编码标识符是相关联的。对于广告主或他们的需求方平台来说，你就是用户 1234，可能已经收到过丰田、宝洁或富达的广告。

他们也知道最后一件关键的事情：他们知道的用户 1234

和交易平台上的标识编码 ABCD 是同一个用户。因为他们知道这一点，所以他们就可以把所有这些点联系起来。这种联系叫作 cookie 匹配或 cookie 同步。

13. 所有考虑参加拍卖的需求方平台（我们假设是广告主的需求方平台）都要进行 cookie 匹配。

因为交易平台的 cookie 和需求方平台的 cookie 都明确指向你，需求方平台就可以利用你的侧写文档来决定，为了获得给你发布广告的机会，应该出价多少。我们不妨假设，该侧写文档显示，你已经反复浏览过珠宝网站，曾经购买过 10 克拉以上的钻石 64 次。这可能会让需求方平台相信，如果把行政专机（executive jet）、百万豪宅或者收费昂贵的离婚杀手律师等广告投放给你，将会是很好的选择。他们不管你的名字是特朗普还是贝鲁斯科尼，但正如鞋店的售货员通过打量鞋子的质量、看鞋子是否闪闪发光来估量你一样，需求方平台已经获取了足够的信息。他们已经有（正如检察官所说的）“合理的依据”认为，作为奢侈品广告受众，你具有很高的价值。因此，他们会在拍卖中为你支付很高的费用。

14. 为了拍到给你投放广告的权利，所有广告主都要设定一个价值，然后进行拍卖竞价。

进行拍卖时，交易平台的电脑可以扫描投标竞价情况，并看到每个广告主愿意为你付出的价格。这个价值查询功能就和股票交易所的电脑一样，可以看到交易者购买某只股票时在文档上的限价单（limit order）。(限价单，就是经纪人给交易者或交易所的说明，某个买家最多愿意出多少美元购买某只股票。) 这和你告诉易贝你最多出价多少是一样的。

15. 拍卖实时进行，各方为了赢得在你的电脑网页上登广告的权利进行竞拍，并决定胜负。

在大多数情况下，在线实时拍卖是荷兰式拍卖或第二价格拍卖（要了解更详细的信息，请参阅第 4 章）。在拍卖中，所有投标人都立即报出最高出价，不会浪费时间进行多轮竞价。事实上，确定拍卖结果和最终竞价排名，只不过是数字运算练习而已，交易平台的电脑可以在极短的瞬间完成。

16. 交易平台通知中标者。
17. 中标者的广告服务器把广告编码发送到你的电脑上。
18. 当网页出现在你的电脑上时，广告在同一时间出现。

现在，我们已经知道实时竞价是如何快速高效运作的了。在第 8 章中，我会向你介绍 Right Media 这一广告网络平台是如何开发出其中一个领先的广告服务系统的。

第 8 章

Right Media 创建广告服务器

2003年3月，布莱恩·奥凯利（Brian O'Kelly）前往一家新创企业接受工作面试。当时，他压根儿都没想过，在未来，这家企业会取得传奇般的神速发展。这就是Right Media。当时，他25岁，是普林斯顿大学主修计算机科学专业的学生，从事分布式处理系统方面的研究。他还曾为美国运通公司（American Express）构建过个性化技术。

在当时，Right Media还是家新创的广告网络平台公司。公司只有两个人：创办者迈克·沃尔拉斯（Mike Walrath）和他的第一位雇员马特·菲利普斯（Matt Philips）。他们两人是在双击公司媒体部工作的时候认识的。沃尔拉斯和菲利普斯都是吉普赛人，他们两人力图组成最有效的团队。当时的广告网络平台还是个零乱的业务，他们正对Right Media的发展方向进行第3次规划。

8.1 创意之源

沃尔拉斯曾是双击公司的销售人员，负责购进便宜的广告位，然后再将其转售给大客户来获取利润。其主要大客户有美国在线、Match.com和Colonize。从提供的广告数量来看，当时双击公司的媒体部是最大的广告网络平台之一，是广告网络界的麦当劳。它有世界上最大的广告服务系统DART，它当时是个大型的快速广告位分配平台。销售人员出售的所有广告都是由这一平台提供服务的。

沃尔拉斯是双击公司最高效的销售人员，至少在销售基于效果的媒体时是最高效的。基于效果是指用诸如每点击成本（cost per click）、每获取成本（cost per acquisition）、点击率之类的指标来衡量效果，而且其结果是有保证的。他在里士满大学（the University of Richmond）读的是英语专业。双击公司销售员是他毕业后的第二份工作。而他的第一份工作是私人健身教练。他随后成为经理，为一家健康连锁俱乐部——纽约体育俱乐部推销训练服务。

菲利普斯也不是个电脑发烧友。他不会编码，也不是销售人员，但他擅长于管理双击公司的业务和技术两个方面。他能与业务和技术人员交流沟通，善于在二者之间充当反复沟通的桥梁。从职务上说，菲利普斯是位产品经理，但同时也是媒体部和技术部之间的联系人。

在双击公司时，菲利普斯曾接受任务，去分析每行动成本（cost per action）定价策略的可行性。在这种定价策略下，价格取决于根据效果衡量的结果。另外，他还要确定公司的广告服务器能否处理好广告服务和这种可变的定价方式。这里所谓的广告服务是代表广告主把每一个广告投放在正确的网页上。

当时，双击公司的服务器系统需要处理大量的广告。如果已经构建了以一种方式处理大量广告的平台系统，那么这一系统通常就很难再以不同的方式去处理事情了。而这就常常会导致客户和公司销售人员陷入鸡和蛋之争的恼人僵局中。我们不支持这一新的定价策略，是因为没有人提出要求，而没有人提出要求又正是因为你不支持。而且，虽然双击公司让菲利普斯去调查这种定价策略，但实际上公司对此并没什么真正的兴趣。

在本质上，双击公司的平台就像一辆巨型自卸卡车，不停地装上卸下。这些广告也是实时发布的，也就是说，当网页显示在用户的电脑屏幕上时，广告正好出现在恰当的位置上。但其他功能，如效果评估或计费，则是在以后以很慢的速度进行梳理的。这个平台也是自我设限的囚笼，除了价格以外，什么都不考虑。菲利普斯说："这个平台只关注所有可获取的广告位及其价格标签。"如果你是把锤子，那么所有的东西看起来都像是钉子。

双击公司真的没有太大的兴趣去考虑如何充分利用该系统，或如何以不同的方式利用该系统赚更多的钱。对于用其他方式获取收益，双击公司并没有给予太多的考虑。"我们是在卖铁锹，"菲利普斯说，"又不是开采黄金。"然后他又说道："有人问我市场想要的是什么。"

菲利普斯向沃尔拉斯做了自我介绍。他们一起走进一个小会议室。关上门后，他们对如何改进广告服务进行了推测和争论。他们都期望提高广告服务系统在定价和收益方面的智能水平，而这一期望取决于把哪个广告投放给哪个用户。

因为在销售广告位时，沃尔拉斯对效果进行了保证，所以他想要改进双击公司的广告服务系统，让这个系统挑选出效果最佳的广告位。无论广告主希望使用什么指标来衡量效果，买到的广告媒体都必须满足广告主的效果目标。

沃尔拉斯每天都会收到一个打印的电子表格。表格显示，哪些广告在哪些网站表现良好或不佳。每天，沃尔拉斯都要不厌其烦地审查电子表格，确定哪些网站的哪些广告位表现不佳。接下来，为了优化效果，他会动手把这些网站从客户的广告宣传活动中删除。

沃尔拉斯想把这一优化过程自动化。他确信可以利用一些算法把一些效果不良的网站剔除出去，使他不必每天都动手去做这一繁琐的过程。至少在刚开始的时候，自动化这一过程是沃尔拉斯最主要的设想。

在第一次碰面之后的几天时间里，沃尔拉斯和菲利普斯极度亢奋，陶醉于他们讨论的设想之中，他们的眼神就好像是看见耶稣显圣的极乐世界一样。他们的设想是构建能够及时响应的灵活的广告服务系统。但如今他们必须让双击公司接受这一系统。

而在双击公司，几乎没人能够真正理解他们改进广告服务系统的这一设想。沃尔拉斯并不认为自己是个很有远见的人，他说："我想做的只不过是把我一直手工做的工作自动化。"然而，如果远见是指对某事的理解比周围的人更深刻，那么按照这一定义，沃尔拉斯就是个有远见的人。"在双击公司人员的哄然大笑声中，我走出了房间，这就已经很有远见了。"沃尔拉斯说，"大多数人都是成事不足败事有余，因为他们只会在运行不佳的体系内打转。但你得知道，考虑如何构建一个更好的体系，这就需要打破体系。"

双击公司有些人确实理解了他们的设想。然而，他们让沃尔拉斯和菲利普斯不要去考虑这件事情，因为双击公司正想把媒体部卖掉。当时正值“9·11”事件后，双击公司正勒紧裤腰带过日子。品牌广告主购买媒体的势头正在枯竭萎缩。整个网络广告市场正面临巨大的过剩。媒体供应大量过剩，而需求正在萎缩。有时候，双击公司30%或以上的库存都卖不出去。媒体的大量过剩压低了价格（每千人成本，CPMs）。

双击公司媒体部负责媒体出售的是个名为Sonar的小型分部。他们根据按效果付费的方式销售广告位。这是双击公司媒体部唯一盈利的分部。该分部有23个销售人员，其中有个人的销售额占了整个媒体部的40%。这个人就是迈克·沃尔拉斯。比尔·怀斯（Bill Wise）创建了Sonar，后来一直管理媒体部。怀斯现在已经是Mediaocean的首席执行官。Mediaocean是家为广告主提供数字媒体平台的公司。怀斯说：“双击公司的媒体业务亏了一大笔钱。”而Sonar则是个亮点。

凯文·瑞安（Kevin Ryan）是双击公司当时的首席执行官。有一天，他问怀斯，沃尔拉斯是谁。“相信我，”怀斯回答说，“总有一天，我们俩都会为那家伙工作的。”

对于沃尔拉斯和菲利普斯来说，他们的问题是，明天他们俩将会为谁工作。“双击公司就像独霸市场的庞大恐龙一样，垄断了所有原来的广告主，”菲利普斯说，“所以，即使不打算卖掉媒体部，他们也不会采纳我们的设想。”

7个月后，双击公司的媒体部被卖给了另外一家广告网络平台公司L90，随后这家公司改名为Max Worldwide。怀斯、菲利普斯和沃尔拉斯都跟着去了L90。沃尔拉斯和菲利普斯开始在L90游说建立他们的新系统，那里的人也叫他们省省吧。为什么呢？因为不久后，L90 将会被 Excite 收购，Excite 已经有一个广告服务器，并将继续使用这个服务器。

沃尔拉斯和菲利普斯遭受了第二次挫败。

最后，沃尔拉斯受够了。“这是可以做到的事情，”他跟怀斯说，“我知道这是可行的，所以我要去别的地方做这件事情。”

然后，沃尔拉斯遇见了乔纳·古德哈特（Jonah Goodhart）和诺亚·古德哈特（Noah Goodhart）。1999 年，还在上大学时，这兄弟俩就已经开始经营一家名叫 Colonize 的营销代理公司。为了创建这家公司，他们用自己的信用卡来筹集资金。Colonize 发展迅速，与沃尔拉斯做了数百万美元的生意，是他在双击公司最大的客户之一。

古德哈特兄弟意识到，如果这家公司（沃尔拉斯计划取名为 Right Media）在自动优化方面取得了成功，将会威胁到他们的业务。他们也同样意识到这将会带来许多机遇，而且沃尔拉斯有这方面的经验。所以，当沃尔拉斯邀请他们投资这家新公司时，古德哈特兄弟都同意投资 25 万美元，并成了新公司的第一位客户。就这样，沃尔拉斯和菲利普斯离开了 L90。2003 年，Right Media 成立了。

8.2　成长烦恼

乔·泽瓦茨基（Joe Zawadzki）现在是需求方平台 MediaMath 公司的首席执行官。当时他是 Poindexter Systems 公司[1]的首席执行官。他从 Poindexter 办公室后面腾出了一间小房子，让沃尔拉斯和菲利普斯在那里经营 Right Media。这个房间以前是间储藏室，没有窗户，里面只能挤进 4 张桌子，月租金是 500 美元。

布莱恩·奥凯利就是在这个富丽堂皇的地方接受工作面试的。奥凯利对自动优化流程非常感兴趣。他说："我的专长是在实时预测、个性化和传输等方面，但我的学术背景有很大的伸张性。"

不幸的是，奥凯利说，他在提工资要求上搞砸了。他告诉当时的技术副总裁菲利普斯，他想要每年 9 万美元的起薪。当时，Right Media 很赚钱。公司创建后的 5 个月里，即使设想中的新广告服务器还在设计中，就已经有像古德哈特这样的广告主，以每月 100 多万美元的价格在预定了。尽管如此，奥凯利说，他当时的工资期望还是太高了，所以马上就被拒绝了。不过，菲利普斯建议他去 Poindexter 找份工作。

扎瓦兹凯雇用了他。"我们有一个'智能服务'(SmartServ)的广告服务器，雇用奥凯利是为了增强服务器的功能。"扎瓦兹凯说，"尽管只是个开发人员，但他很有才华。" Poindexter 是当时的一家媒体优化公司，帮助广告代理商充分发挥广告宣传活动的效用。Poindexter 获得了大量广告位，并从中挑选出对用户最有利的广告位。

随着 Poindexter 和 Right Media 的不断成长，两个公司的工作人员开始混杂在这个像阁楼一样又小又脏的地方，雇员的办公桌常常混杂在一起。这些技术人员被迫亲密地挤在这个像贫民窟一样的地方，很难分清楚谁为哪个公司工作。

不久，就没必要进行区别了。沃尔拉斯和扎瓦兹凯同意成立合资企业。Poindexter 承诺提升广告服务器“智能服务”，同时，Right Media 决定不再开发自己的服务器，而是使用 Poindexter 的服务器。当时，Right Media 只有一份技术说明书，说明广告服务器可以做些什么事情。它相信 Poindexter 能提供工作系统。

沃尔拉斯说：“我们并不确定要采用什么系统，只要它能使我们从算法上进行优化就行。”作为回报，Right Media 将为 Poindexter 的客户，如美国在线等，提供广告服务。沃尔拉斯说：“有些人的工作就是购买媒体，那就是我们的工作。”

11 年之后，菲利普斯说，他拒绝奥凯利，是因为和 Poindexter 之间的协议，而不是因为钱。他坚称，Right Media 能够支付奥凯利所要求的工资，但差不多在奥凯利出现的同时，菲利普斯和沃尔拉斯希望 Poindexter 能挑起重担，构建最先进的广告服务系统。菲利普斯的计划只是雇用能设计系统的用户界面和前端的人。为此，他认为奥凯利是大材小用。

他说：“我认为，我们所需要的仅是一艘划艇，而布莱恩·奥凯利则是一艘核动力航空母舰。”他说，这正是奥凯利没有在 Right Media 工作而去了 Poindexter 的原因。

在 Poindexter 公司，奥凯利花了几个月的时间仔细检查了这一系统，尝试去理解它的各个运转部分。奥凯利说：“广告服务器就是个大型分布式系统，在此基础上，对消费者行为进行预测并做出决策。”当然，前提是这个广告服务器能够正常运转。但奥凯利知道，Poindexter 广告服务器并没有有效运转。

Poindexter 的智能服务系统是实时的，它可以及时投放广告满足每一个广告请求。此外，可以优选广告位，也就是可以为给定用户挑选最好的广告位。它也可以进行创造性优化，即可以为给定用户选出最好的广告。

智能服务系统并不是为广告网络平台设计的工具。Poindexter 的共同创始人泰德·舍加利斯（Ted Shergalis）说："该技术并不能让你管理好这一出版商网络中的多个广告主。智能服务系统无法挑选出合适的广告，从而无法最大化广告网络平台的收益。"在某些情况下，该系统投放的广告可能最大化整体广告网络平台的收益，但在其他绝大多数情况下，该系统做不到这一点。该系统的主要目的，也是创建该系统要解决的问题是，为给定的广告主提供合适的广告。

8.3 继续前行

不料，合资企业被终止了。Poindexter 的董事会成员大多是风险投资者，他们投票反对建立合资公司。他们叫扎瓦兹凯别搞这么多事儿，只要遵循他们投资这家公司时他提出的战略规划就行了。

对奥凯利来说，这个信号表明，他必须重申自己渴望与 Right Media 合作的愿望。为了确保没有 Poindexter 的人看到他们在一起，在一个远离办公室的地方，他与沃尔拉斯和菲利普斯一起吃午饭。奥凯利告诉他们，因为董事会已经撤掉了合资企业，Poindexter 的系统无法实现他们的设想了，而 Poindexter 也不会有进一步的创新了。

此外，奥凯利向他们保证，他可以在 6 个月之内为 Right Media 把这个系统构建起来。为了践行承诺，他提出，他可以担任顾问，等完成这个项目后才离开。他还说，他可以在合资企业工作，但不要任何股权。最后，他强调，即使他们不接受他的提议，他也会离开 Poindexter，因为那里已经没有什么让他感兴趣的事情了。

"对，我是个内奸。"奥凯利承认，"我已经在同一个地方工作了好几个月，我知道 Poindexter 的玩意儿没用。我曾告诉过沃尔拉斯和菲利普斯，'你们不能用 Poindexter 的系统，它没什么用。我可以为你们构建一个更好的系统。'"

在不到 5 个月前，菲利普斯拒绝了奥凯利的求职，而这家伙竟然跟菲利普斯和沃尔拉斯说，他们应该把生意押宝在他身上。然而，从那以后，情况发生了重大变化，Right Media 只能靠自己开发广告服务器。"如果要完全靠自己去构建这整个系统的话，那我们就需要雇用像奥凯利这样冲劲十足的人。"沃尔拉斯说。"如果要去打仗，那么你需要的就不仅仅是一艘划艇，"菲利普斯补充道，"你需要的是一艘航空母舰。"

尽管奥凯利愿意不拿股权就担任顾问，表示愿意为 Right Media 提供弹射座椅（ejector seat），使该系统安全着陆，2003 年 8 月，沃尔拉斯和菲利普斯还是聘他为 Right Media

的受薪员工。

两个月后，奥凯利和菲利普斯向沃尔拉斯展示了一个工作模型。但沃尔拉斯不喜欢这个模型，这浇灭了所有人的厚望。沃尔拉斯说，这个系统没有运用商业逻辑来理解广告网络业务的微妙之处，而作为一个销售人员，他每天都要这么做，他深刻理解这一必要性。

这一天，他们三个人都很失望。失败的概率，从可能突然变成似乎极有可能，这令人十分震惊和沮丧，这是一种很可怕的经历。在离开办公室时，每个人都在想，也许他们所做的事情只是自己职业发展的一个备选方案。

“这是很难过的一天，”沃尔拉斯承认，“就像发生了一个大爆炸，我们必须从零开始了。”

沃尔拉斯决定直接和奥凯利一起工作。很快，随着开发的继续进行，奥凯利成为首席技术官。“显然，奥凯利成了我的老板。”菲利普斯说，“在接下来的 4 年里，我为他工作。在 Right Media 工作的 4 年时间里，我做过的最让人惊叹的事情就是雇用了布莱恩，尽管我尝试了两次。”

双击公司的广告服务器一直存在的一个不足之处是视野太窄：往往用 CPMs（每千人成本）来看待一切东西，而且总是优先考虑 CPM 交易方式。这导致了它有时忽视按效果付费的交易方式，而后者的利润可能会更丰厚。

相反，奥凯利为 Right Media 设计的系统，则有能力把每一次潜在的交易都转化成单位一致、可进行比较的结果，这就是有效每千次展示成本（eCPM）。这有很大的不同。菲利普斯开发了一个简单的转化算法，可以写成：

$$CPC \times CTR \times 1\ 000 = eCPM$$

CTR 是点击率，也就是广告转化率。(在这里是指，每一千个看到广告的用户中有多大比例的用户点击了该广告)。这里假定广告主使用 CTR 作为衡量效果的指标，不过，其他任何效果指标都可以放在这个等式的 CTR 位置上。[2] CPC 是每点击成本（cost per Click）。等式中 CPC 的位置同样可以用任何其他按效果付费的定价模式（term）来替换，只要交易时大家一致同意就行。结果是，根据每千次广告播放有多少用户点击了广告，预期可从一千次广告播放中获得的收益。

这个转化方程使得 Right Media 服务器系统更灵活，并能迅速做出反应。该系统可以进行无数次交易，把每次交易转化成相应的 eCPM 值，这样就具有可比性，然后，挑选出其广告位能使 Right Media 最赚钱的交易。

然而，这里假设最有利的交易是可以预测的，该系统可以预测能达成的点击率（或其他任何效果衡量指标）。但等式中的 CTR 在事先是无法知道的。算法又如何实时确定一千次还没有提供的广告位会引发多少点击呢？很多变量会影响点击率：广告出现的网站、投放的时间段、地理区域、广告展示的频次、广告的说服力及其他因素。如何评估这么多因素？又如何预测结果呢？

能在考虑这么多因素的基础上预测 eCPM 是奥凯利体系的重大创新。

为了实现这一目标，奥凯利研究了许多数学论文。最后，无意中看到朴素贝叶斯网络（naïve Bayesian network）。这个多维网络之所以朴素，是因为该算法视所有变量彼此独立，并且赋予每个变量相同的权重。[3]基于这一理念，奥凯利开发的系统是 Right Media 服务器与众不同的特点之一。

基本而言，该算法评估广告活动中哪些因素对用户点击广告的影响最大，其中包括年龄、性别、用户生活的地方、用户观看广告的频次、广告出现的网站、家庭收入等。然后，搜索数据库，查找其他具有相同特征的用户在观看类似广告后的点击次数，该数据库每小时更新一次。

该算法预测的点击率与在以前基本类似的广告宣传活动中类似用户的点击率是一样的。该算法基于以下假设①在这些方面，未来会和过去相似（一个大胆的“假设”）。②这些因素是决定用户行为的关键因素（另一个大胆的“假设”）。

Right Media 的系统使用这种方法进行预测，可见并不比在跑道上设置障碍的裁判人员高明多少，因为该系统赋予所有变量一样的权重。而在现实世界中这种情况不太可能会出现，因为现实世界不是黑箱子。在大多数事件的发生过程中，一些因素对结果产生的影响往往会比其他因素大得多。

在某种意义上，朴素贝叶斯算法总是存在通常能够想到的问题，也就是传统智慧看好的广告用户。这样的算法无法找到非典型的用户，这些用户做出的回应可能会比任何人想象的都要强烈得多。这种潜在用户并不在考虑之内，但却可能是未被开发的金矿。例如，年轻女性通常都不是助听器广告的目标客户。然而，在进行了一些数据挖掘并根据直觉付诸行动之后，结果令人鼓舞：营销人员惊讶地发现，大量年轻女性会为她们的父母购买助听器，因为老人并不愿为自己购买助听器。

奥凯利没有自夸算法的预测精度。“预测结果不太准确，”他说，“但比其他人使用的算法精确得多。这就好比他们在用算盘，我引入了一个速度比较慢的计算器，但这个计算器是足够精确的。”

虽然并不是完美的预测，但还算令人满意（satisficing）。这是赫伯特·西蒙（Herbert Simon）提出的术语。令人满意是指在某种情况下，这个结果已经够用了，至少在地球上是够用的。

借助以这种方式预测的点击率，Right Media 正在开发中的广告服务器——收益管理系统（Yield Manager），全面研究了 Right Media 之前签约履行的每一个广告活动，并确定了如果进行选择的话，哪些广告活动能为该网络广告平台带来最大的利润。实际上，收益管理系统进行了一次类似的内部拍卖，该算法为每次广告宣传活动计算出来的 eCPM 期望值正是这次广告宣传活动对为实施该活动所需要的广告位数的出价。能为 Right Media 产生最大收益的广告宣传活动将首先实施，然后是下一个最赚钱的，然后是下一个。

这种方法不仅使 Right Media 完成了最赚钱的项目——这是个巨大的进步，还对优化流程进行了自动化，这曾经是沃尔拉斯的主要目标。然而，仍然存在问题。

8.4 非算法性问题

尽管奥凯利新的算法在慢慢地向前稳定推进，如原本预期的那样进行优化，但在这个黑箱子外面的媒体市场上，Right Media 却面临普遍的市场不匹配。一方面，媒体高回报区——也就是那些不管广告主想要的是什么，也不管他们是用哪些指标来衡量，都能带来高回应率的广告位——总是很少而且永远不够。对 Right Media 来说，这些广告位都很贵，因此，利润很低。另一方面，效果不佳的广告位总是廉价而充足的，占了 Right Media 一半的库存。在这段市场形成期，阿伦·莱斯切尔（Aaron Letscher）解释道："库存压得我们都快喘不过气来了。"他是销售人员，Right Media 雇用的第二个员工。

此外，优化技术的工作方式使之难以将效果不良和良好的广告位整合起来。设计收益管理系统的目的就是为了清除而不是利用效果不良的广告位。因此，收益管理系统会将效果不佳的网站从按效果支付的广告宣传活动中清除出去。但这与 Right Media 按效果付费的策略背道而驰，因为这些网站上效果不好的广告位可能会产生一些有用的点击，如果把这些广告位与那些效果更好的广告位整合在一起，可以帮助实现效果保证。

因为 Right Media 从来都不会有充足的效果良好的广告位，所以它想要利用库存里大量的效果不佳的广告位。这不会对 Right Media 如何获取点击产生任何影响。点击就是点击，难道不是吗？如果效果得到了保证，那么 Right Media 就达成了按效果付费交易的条款要求。

广告主却不这样认为。当发现点击中有很大一部分比例来自廉价而低效的广告位或劣质网站时，他们常常会很生气。采取按效果付费的广告主以为，他们是按照每个广告位的价格付费的，而单个广告位的费用是昂贵的。这是个合理的推测，因为按效果付费的广告宣传活动总是比那些没有效果保证的活动昂贵。即使他们花的钱物有所值，达到承诺的效果，但如果他们意识到自己的广告宣传活动是通过利用这些非常便宜的广告位来实现的，他们就会很恼火。

获取足够的规模和避免广告位浪费是 Right Media 面临的两大困境。沃尔拉斯、莱斯切尔和其他高级销售人员，例如，拉姆齐·麦格罗里都知道，取消广告位交易的固定价格模式才是解决办法，也就是用基于效果的交易方式取而代之。"价格与价值之间并没有直接的关联，因为我们被困在固定价格模式上了，"沃尔拉斯说，"我在想，为什么我们不对媒体进行适当的估价呢。"

如果可以用与其效果相称的价格买到广告位，他想，Right Media 就可以购买到物有所值的广告位。如果能这样做，价格和价值就会一致，也就能用理性的方式进行广告宣传活动。

这就需要 Right Media 从出版商处获得广告位，然后为广告主进行广告宣传活动。而在此之前，双方都没有确定价位（就像我们在付费搜索拍卖中讨论的那样，拍卖确定了价格，但没有确定结果）。此外，必须说服广告主允许在他们的广告宣传活动中使用垃圾广告位，而一直以来他们只使用高效的广告位。但这说起来容易做起来难。

事实上，就是说也不是容易的。作为销售主管，沃尔拉斯和拉姆齐·麦格罗里或多或少可以说是广告主的使徒，很难跑到他们面前去说："我们想用很多垃圾广告位来开展你们的广告宣传活动，而且不能告诉你们，我们要收多少费用。但不要担心，我们不会收很多的，相信我们。"

这听上去就不像是在推销，你说呢？相反，沃尔拉斯决定做一番实验，把高效广告位和低效广告位整合起来，就好像广告主已经许可了一样。

他想的是，如果我们把每个广告宣传活动都拆分成一组子活动，每一个子活动都有不同的效果目标，每个子活动以合适的价格购买相应的媒体，这会怎样？用这种更有选择性和明智的方式对媒体进行配置，能提高这一整体广告宣传活动的成功率吗？[4] 沃尔拉斯和拉姆齐·麦格罗里开始使用广告服务器运行众多的子活动。

奥凯利大怒。他设计服务器并没有想要用这种方式运行。沃尔拉斯回忆说："这又是一个紧要关头，布莱恩和我都冲对方大喊大叫。"

对 Right Media 来说，幸运的是，广告服务器并没有读过设计者撰写的手册。服务器并不会意识到不该以沃尔拉斯的"异类"方式进行运作。尽管奥凯利牢骚满腹，但服务器可以按照沃尔拉斯的想法行事，以更高的效率和效果开展广告宣传活动。每个子活动的媒体成本开始接近广告位的效果价值。浪费减少了。

“一夜之间，广告活动项目的数量急剧增加，”沃尔拉斯说，“虽然带来非常现实的技术问题，但只要我们把实验放缓一些，就可以避免这些问题。然而，大多数创新似乎都源于打破某些东西。当某些东西被打破，当然就会给我们一个动机，去尽快解决这个问题。”

许多广告宣传子活动的落实向沃尔拉斯指出了下一步行动：把广告宣传活动分解到单个广告位层次。随着进一步的研究发展，服务器也可以做到这一点。

“奥凯利可以改进技术，”沃尔拉斯说。“他从未说过‘那是做不到的’。”虽然意味着可能要处理更多的数据，但是沃尔拉斯打算给奥凯利购买更多的服务器。（或者说他本来会这么做，只是他、奥凯利以及首席运营官克里斯汀·亨西克（Christine Hunsicker）的信用卡都被刷爆了，因为有些预期的创业融资没有落实。）

经过实验、争吵以及抢劫维萨信用卡来支付万事达信用卡这一切，奥凯利创建了沃尔拉斯所要的系统。这一服务器有一种算法，可以根据单个广告位在某个特定广告宣传活动中的特征和历史效果数据，准确预测出这个广告位的价值。这是一次巨大的飞跃。Right Media 广告服务器不同于且优于其他服务器的三个方面是①它可以把每个广告宣传活动转换为统一的 eCPM 值，即每一千次展示可获得的广告收入。②它可以自动对效果不同的广告位进行最优化和整合，和

③它可以对单个广告位进行估值。这是向单个展示广告位实时销售迈进的另一关键的一步。

现在，Right Media的运行系统——收益管理系统可以准确评估单个广告位了。价值和价格第一次联系了起来。这个系统公平公正。在这一系统中，广告主可以投中能为其产生最大价值的某个给定广告位，广告位的价值是由投出最高价格的广告主（根据其正在进行的广告宣传活动）确定的。[5]

“这真的很神奇，”沃尔拉斯说，“我们正在创建一个既具颠覆性又富有创造性的东西，并且成功了。这真是太酷了。我终于有一个沙箱⊖可以玩了。”

8.5 实时竞价

在此基础上，对沃尔拉斯而言，只需在思想上再向前跨出一小步，就会想到为什么要按固定价格收费。为什么不在获取媒体并完成广告宣传活动后，根据该媒体最终实现的价值向广告主收费呢？

对沃尔拉斯来说，这种新方式就像迈过一道低矮的围栏那么容易，至少从理论上讲是这样的。他把这种收费方式叫作动态千人成本（dCPM)。然而，要将该方式付诸实践，就

⊖ 现实中的沙箱，是一种儿童玩具，类如KFC中一个装满小球的容器，儿童可以随意玩耍，起到保护儿童的作用。也可以理解为一种安全环境。在程序开发中，沙箱是在受限的安全环境中运行应用程序的一种做法，一般指一个封闭的测试环境。——译者注

需要改变传统的商业模式，这意味着要面对一个主要的广告网络平台竞争对手——Advertising.com。

Ad.com 的销售方式很不一样。Right Media 和其他广告网络平台采用一种权变的收益共享销售模式来购买广告位，实际上是以委托代销的方式购买媒介，而 Ad.com 则向出版商支付固定价格。和收益共享销售模式相比，Ad.com 的方式对出版商来说就像令人上瘾的毒品。一方面，它以几美分的惊人低价从出版商那里购买媒体，但购买数量巨大。出版商可能会抱怨，由于广告网络平台以统一费率购买大量媒体，其媒体价格会被压得很低。而在另一方面，Ad.com 每年会递给他们一张几百万美元的巨额支票。不管怎样，出版商知道自己可以卖掉库存（否则他们无法卖出大部分的库存），并确保从这个广告网络平台那里收到一张大额支票。这样，他们手上就有了现金，而把怎么利用这批库存的压力转移给了 Ad.com。

对于用一种新方法购买媒介，也就是在竞拍之后收费，沃尔拉斯是期望出版商放弃提前获得巨额支票和不用承担巨大风险的保障。同时，这也是一场艰难的销售，因为当时正值互联网泡沫破灭不久，出版商坐拥成堆卖不出去的媒体。

根据拉姆齐·麦格罗里的说法，当时有些网络出版商利用他们自己的销售人员进行销售，却未能卖掉 70% 以上的媒体。因此，他们得依靠像 Ad.com 这样的广告网络平台弥补（不管是从字面本意上来说还是打比方）自己那令人失望的媒体销售业绩。而现在 Right Media 则要求他们改掉这个习惯，不再依赖广告网络平台的大量购买，也不再有令人放心的保证了。

比如说，你是一个出版商，正考虑是否把广告位卖给 Right Media。而 Ad.com 却提出给你一张几百万美元的支票。

Ad.com 的价值主张：保证收益。

Right Media 的价值主张：分担风险，在我们看到你的哪些媒介可以卖掉和以什么价格卖掉之后，我们会付款给你。

{ 保证收益 } 相对于 { 风险＋以后付款 }

你会选择哪个？

为了加强说服力，沃尔拉斯和麦格罗里在宣传中添加了一些细节描述：因为我们将成为合作伙伴，共享媒体销售的收益，所以所有情况都会是透明的。即使采用这种吸引方法，沃尔拉斯知道，要想说服出版商改变他们原来做生意的方式，也还是一场很艰难的战役。

透明性有一定的吸引力。采用固定价格模式的广告网络平台，例如 Ad.com，并没有公开其销售库存的价格，因此是不透明的。他们以最低价买进大量的库存，知道只要广告主（其客户）确定自己可以获得足够规模的受众来展示他们的广告，他们就会支付大量的高价酬金。那就是 Ad.com 所做的事情。Ad.com 或许应该称之为 Scale.com。它只举行了一场拍卖，却获得了所有的利润。在一个很不透明的传统市场中，没有人能够真正了解媒体内在的价值，你可能会对可以浑水摸鱼心存侥幸。Ad.com 像个庄家，知道广告主愿意出价多少，也知道出版商愿意接受什么价位，而它自己则可以赚取差价。

相比之下，沃尔拉斯一直都在竭力争取达成规模效应，他向出版商和广告主解释宣传合作、价格、与媒体价值对应的成本以及公开透明的情况及益处。

同广告主打交道则更困难。有了动态千人成本，沃尔拉斯呼吁广告主和代理商在进行广告活动时放弃固定价格协议，让他全权决定广告位的价格。"实际上，这就像他们给我们一张空白支票，而我们要在上面填写每个广告位的价格。"沃尔拉斯说。对于沃尔拉斯的许多客户来说，这是一次心理上的巨大考验。

当时，对 Right Media 和 Ad.com 来说，美国在线都是最大的广告主之一。在 Right Media 创建之前，美国在线一直和 Poindexter 密切合作。美国在线利用网络广告来为其互联网接入服务获取新的用户。在网上打广告比把促销信函和使用该服务的软盘直接邮寄给用户要便宜得多。然而，点击美国在线网站的网络流量中的 30% 来自其用户，也就是说，美国在线的网络广告有 30% 是浪费掉的，因为这 30% 的广告投放对象已经是其用户了。

在创建后，Right Media 开始向美国在线提供自己及 Poindexter 的媒体。贝斯 · 华莱士（Beth Wallace）是美国在线当时的网络营销副总裁，在那时与 Right Media 的沃尔拉斯、麦格罗里还有 Ad.com 的约翰和斯科特 · 费伯（Scott Ferber）合作。Right Media 和 Ad.com 都希望从美国在线那里争取更多业务。双方都在极力宣传自己正在开发中的新的广告服务广告位配置引擎的好处。

华莱士实际上更喜欢Poindexter，因为Poindexter的工具是为美国在线优化设计的。技术使Poindexter知道应该提供哪些广告位，应该给用户提供哪些广告内容。华莱士认为Poindexter的技术在达成这些目的方面是最好的。虽然Right Media和Ad.com都在努力提高美国在线广告的效果，但是华莱士仍觉得这两个广告网络平台主要是对自身收益达到最大化感兴趣。她认为，Poindexter最关心她的业务。“事实上，乔·泽瓦茨基已经成为我的生意伙伴，”她说，“他似乎对我的成功投入最多。”

但是Poindexter并不销售媒体，而只是运行一款最优化的工具——一种选择工具。要提供媒体的话，美国在线是需要Right Media或Ad.com的，或是两者都需要。

华莱士想要了解他们在各自模型中使用的变量。“我想要进一步了解模型，因为这能帮助我深入了解客户及对其有用的东西。”她解释道。

但是Ad.com不愿让华莱士了解幕后的情况。“我感到有点失望，他们不愿意披露模型的变量及其运行方式。”华莱士说。

她发现，在这方面，沃尔拉斯和Right Media更容易打交道。“他们成功的原因，”她说，“是因为他们愿意和我们合作。”除了其他的让步，沃尔拉斯还愿意接受“回传”(passbacks)。换句话说，他同意美国在线可以退回没有什么效果的广告位。这就像是在数字广告方面模拟二手车经销商：收回次品，并给客户退款。很显然，沃尔拉斯愿意为美国在线这样的客户做任何事情。当然，沃尔拉斯也有优势，华莱士说："他的工具实际操作效果不错。"

因此，在 Right Media 传奇初创阶段的一个重要时刻，华莱士给 Right Media 签了一张 500 万美元的支票购买广告位。

此外，Right Media 还幸运地得到了其他广告网络平台用户的支持。它最早的一个广告网络平台用户是当时还只是个微型企业的 CPX Interactive。当莱斯切尔突然拜访 CPX 设于美国纽约罗克维尔中心（Rockville Center, New York）的全球总部时，他只看到了一间房间，比 Right Media 在 Poindexter 的小屋整洁不了多少。这个单间最多不超过 500 平方英尺[⊖]，但有个窗户。房间里有 5 个小伙子，他们到酒吧里去都会被要求出示年龄证明。另外，房间里还有台大屏幕电视机。莱斯切尔进去的时候，这 5 个人正在收看《法官朱迪》(*Judge Judy*)。

但是，当 CPX 的老板迈克 · 赛曼（Mike Seiman）把注意力从法官朱迪斥责倒霉的被告人这一剧情中转移过来时，他马上知道 Right Media 在做什么了。在当时，莱斯切尔还不知道，赛曼在他自己的广告服务器的开发道路上才走了 1/4。当他得知 Right Media 已经研发了一个工作系统，他意识到自己可以利用这个系统，从而省下原计划中的 3/4 的开发成

⊖ 1 平方英尺＝0.092 903 平方米。

本。另外，他也不必独自去收集所有的媒体库存。他可以依赖 Right Media，直接利用已有的系统，不需要出版商进行开发活动，不需要寻找广告订单，不需要跟踪监测宣传推广活动，也不需要支付广告运营费用。于是 CPX 决定利用 Right Media 测试一下广告活动。

“CPX 即便不是第一个，也是最早得知如何使用我们系统的公司之一，”莱斯切尔说道，“那些进行直销或近似于直销的广告主，还有成天和数字打交道的人，往往能理解我们的系统。本质上，CPX 是一家直接反应营销商，他们愿意承担冒险。”

另外一家广告网络平台 Oridian 很快加盟 CPX。Right Media 开始与其他出版商，如 Tickle.com 和 MySpace.com 等，签订合同。这些出版商已慢慢积累了堆积如山的库存。

动态千人成本定价方案是一个巨大的进步，它把价格和价值联系起来了，并由广告主决定价格。Right Media 的服务器有一个算法，可以根据单个广告位的特征及其在历史广告宣传活动中的效果来预测该广告位的价值。在今天，这种先进的服务器已经普遍得像在亚米西人的烧烤派对中一定会有的帽子一样了。Right Media 为该系统申请了专利，但还需要做最后一跳。

如果其他参与方，例如，广告主、代理商或者需求方平台，获得了历史效果数据，但不想给 Right Media 处理，那会怎么样呢？又或者，如果广告主想要根据数据对广告位进行实时竞价，但又不愿意分享他们的数据或竞价参数，又该怎么办？为了应对这些问题，沃尔拉斯同意让他们接到 Right Media 的广告服务器上，并以此为枢纽来购买广告位，同时各广告主把自己的广告位估值资料和程序留在内部。当越来越多的广告主及其代理商加入了进来，Right Media 的广告服务器就成为一个网上广告交换平台。

第9章

实时竞价的操作

为什么说实时竞价改变了游戏规则？要理解这一点，我们就必须把实时竞价与一般的网络媒体销售方式进行对比。通常，互联网广告服务流程背后的媒体销售和广告运作都是事先早就计划好的。网站加载页面之时，实际的广告就会展现。而在这之前好几个星期，就有一大堆人已经在开会进行规划了。

如果不使用实时竞价发布广告，那么通常就要进行媒体策划、提案征求、合同谈判、广告植入，以及跟踪、审核中介并支付费用，这一过程中的每一位参与者都要从中分一杯羹。这也使要保证让目标受众确实能够看到这些广告更困难了。正如 MediaMath 前副总裁马克·曼尼诺（Mark Mannino）所解释的那样："在 2006 年，要想购买网络展示广告，你得给福布斯、财富和所有相关的人打电话。这简直是场噩梦。"据业内人士所说，那是因为，在实时竞价出现之前，从出版商宣布出售广告位、到广告主公布愿意花多少钱在广告宣传活动上、再到真正投放广告，这中间需要大量筹备时间，才能提高其有效性。

"当时，网络广告的最大问题是，在广告真正展示以前，展示什么广告是预先就确定好的。"布莱恩·奥凯利说，"有很多理由想要尽可能在接近广告播放的时候进行这些决策。"奥凯利现在是大型数字展示广告交易平台 AppNexus 的首席执行官。[1]

控制广告位投放的频次是传统网络广告销售交易方式的另一大问题。广告主想获得大量受众，并从许多出版商那里购买广告位，积聚起来形成所期望的受众规模，但在这一过程中，他们常常无法控制广告出现的频次，而这就会导致浪费和费用超支。

于是，在在线交易中，使用实时竞价进行拍卖就有可能改变这一挤满了中介的广告投放生态系统，也就是去除中介，提高效率，降低成本，改善广告的效果。

9.1　买方的好处

现在让我们来看看实时竞价给广告主带来的一些好处。

9.1.1　快速评估潜在用户和网站

正如我们所见到的那样，在每次实时竞拍中，广告主或其代理商、需求方平台或交易专柜在一瞬间就评估了把广告投放给某个特定用户的好处。在前面，我们也看到了，有了实时竞价，对那些只是进行网络“试驾”的用户，广告主就可以少花一些钱，而对很有可能购买的用户，则可以多花一些钱。

“实时竞价使营销人员每个月都有机会浏览数千亿个广告位，而只需对他们感兴趣的进行投标出价。”杰夫·格林（Jeff Green）如是说。[2] 能够以史无前例的规模和速度进行浏览，这就提高了广告主对广告支出的选择性。杰夫·格林是需求方平台 The Trade Desk 的首席执行官和共同创始人，也是互联网广告交易平台 AdECN 的共同创始人。2007 年，AdECN 被微软收购。

9.1.2 瞬间改变竞价

实时竞价是动态的，买方可以在瞬间改变竞价。根据实际的试验情况，广告主也可以立即知道哪些有效果，从而改变其广告购买行为：不仅可以改变针对单个用户的广告购买行为，还可以改变整个宣传活动的广告购买行为。实时竞价速度很快，只要机会一出现，广告主就可以抓住。例如，如果在另一时间将广告投放给目标用户看起来更有效的话，他们就会这么做。

9.1.3 重定向提高效果

通过实时竞价，广告主可以迅速地重新锁定用户，从而提高广告宣传活动的效果。实时竞价的速度很快，广告主可以向潜在优质用户经常访问的网站购买广告位。这样，广告主就可以快速部署信息，无论何时何地，理想用户在刚开始浏览网页后，马上就会看到广告了。

9.1.4 通过选择降低成本

“因为每个营销人员都可以轻松获取大量广告位，展示性实时竞价再营销（remarketing）是网络广告中成本最低的。”格林这么认为。[3]

有了这种选择性，不仅可以提高效果，还可以降低成本。广告主可以消除开支浪费，不用再购买针对性差的广告位了。如果某个既定用户没有点击或购买，广告主就可以从重定向列表中将其 cookie 删除。他们可以只购买那些完全符合其对目标客户的侧写的广告位。此外，由于交易平台从许多网站获得广告位，他们为广告主提供了更多的目标客户来源，而不用颇费周折地聚合客户（一站式购物）。

当然，实时竞价并不能保证客户一定会购买。广告主可能找到了最合适的客户，但却输了竞拍。不过，广告主可以轻松追踪并重新找到这一客户，还有机会提高竞价。

同时，实时竞价提供了最大的透明度，与盲目购买（blind buy）正好相反。广告主事先就很清楚会把广告展示给谁看，会在什么时间点出现在哪个网站上。相对于使用广告网络平台时广告投放的模糊性，这是很大的改善。

“在这一过程中会有大量情报和数据（比其他任何在线或离线营销渠道都要多）。”格林说。[4]

这意味着，实时竞价能源源不断地提供各种洞见，指导广告主决定应该购买哪些广告位，并帮助广告主评估投资回报的情况。“了解哪些广告位对广告活动有效，这为你确定趋势提供了绝好的机会，知道哪些是最好或最差的客户、了解情况的来龙去脉和确定广告创意。”需求方平台 DataXu 的首席执行官迈克·贝克（Mike Baker）说，“这些见识可以用来指导广告活动及其他一系列营销活动的策略。”[5]

9.1.5　提高效果

实时竞价可以快速提高认识，这就可以让广告主在广告宣传活动过程中进行调整。我们来看看其中的一个方面：实时竞价如何帮助广告主提升广告内容的效果。广告主可以给一些用户提供修改过的创意广告，而给另一些用户提供原创广告，这就有了很大的灵活性。这样一来，假如原创的广告内容对某些用户来说更有效，那就给他们提供原创的广告内容；假如修改后的广告内容对另一些用户来说更有效，那就把修改后的广告内容提供给这些用户。广告主可以根据他们锁定的特定细分市场对创意进行调整。

实时竞价可以关注广告管理活动中需要考虑的几乎所有的变量：时间点、地理位置、性别、年龄、曝光频次及其他任何广告主需要选择考虑的因素。因为广告主是在购买单个广告位，所以他们可以利用各种前所未有的技巧控制所有这些因素。此外，在广告宣传活动推进的过程中，他们还能改变对每个广告位的竞价，有差别地对每一个潜在的广告用户进行估值。而在过去，人们从来无法快速获得这类信息，不能做到差别对待。

9.1.6 中途修改

对广告主来说，实时竞价的总体利益就是改善效果。通过实时竞价，广告活动实际上就成了一系列短期的试验。每一个新的方法都是一次学习经历，广告主可以在中途进行明智的修改。在这之前，广告宣传活动要先经过数月时间的规划，然后预期持续数月时间，而现在却只是实时动态调整过程中的一次练习罢了。

现在，我们可以通过一系列实际可行的适应性改变，对广告活动进行微调，因此，营销活动就不再像是滚下山的雪球，越滚越大，越滚越快，不可阻挡，也无法改善了。任何广告活动都可能会在某些方面效果不佳。但从实用角度来看，通过一系列频繁而明智的中途修改，就能找到正确的道路。

即使在开始时，广告主的策划并不明确，但以这种方式进行实时竞价，也还是很好的方法，因为他们可以明智地决定为每个广告位支付多少费用，而微调广告宣传活动的成本并不是很高。

"通过更有效地锁定客户，广告主就能提高转化率。"英国咨询公司 WARC 的分析员乔·鲍曼这样写道。[6] 通过引证美国电信公司的例子，鲍曼发现，使用实时竞价方式购买的网络随机广告，其效果（用接收到的订单数衡量）比不使用实时竞价购买的广告高 562%，比不使用实时竞价购买的受众针对性广告高 44%。[7]

"实时竞价的效果比 2008 年展示广告的效果通常要高几百到几千个百分点。"杰夫·格林说，"把你之前使用展示广告的经历全部忘掉吧，因为现在这个世界已经变了。"[8]

9.1.7　提高投资回报

使用实时竞价的另一个好处是提高投资回报。还记得从你点击浏览器开始到完全加载好的网页这一旅途上的那些通行费吗？它们当然不会在一夜之间消失，因为彻底颠覆一个行业是需要时间的。但实时竞价可能会极大地减少分配给中介的费用，并清除由于该过程中存在多个中介而带来的不必要工作。而且，与单个的收益优化平台（yield optimizers）、数据商店和网络平台做生意而产生的隐性交易费用，现在都可以整合到一起了。

除了通过清除中介来节省费用以外，实时竞价还承诺会给广告位带来更低和更灵活的定价。有了实时竞价，每个广告位都有人投标，广告主可以制定其愿意投标的价格。实时竞价使广告主可以对每个广告位进行明智的估值，坚守预算，只买那些物有所值的广告位。例如，他们可以只买那些估值最高的广告位。

9.1.8 维持更大的控制力

实时竞价促进单个广告位的购买，对广告主来说，这就意味着更大的控制力。实时竞价显然可以让广告主知道他们购买的到底是什么。在实时竞价出现之前，广告主常常被置于一个很不专业的境地，就是付了钱，也不能确切地知道自己购买的到底是什么。即使有了广告网络平台，广告主仍然得在各种不同的网站上登广告，相信广告会出现在合适的位置上。代表广告主利益的品牌商或代理商根据预留的展示位提前购买库存。然后，他们就只能等着看能否如愿以偿。

提前购买带来的不确定性导致了双盲实验，那就是，双方都可能会对广告宣传活动的最终实施结果失望。因为许多广告主并不完全信任这一过程，他们不愿意支付高昂的价格。相较之下，实时竞价大大降低了网络媒体购买的不确定性。有了实时竞价，广告主可以捕捉那些能给其品牌带来最大价值的广告位。这样，不管采用何种衡量指标，效果都会提升。

9.1.9 获得品牌化优势

尽管实时竞价在提升效率方面取得了很大的进展，但它还远不只是一种快速评估广告位价值并完成交易的方法。更重要的是，通过支持广告主学习到更多知识，例如，如何影响潜在客户、如何评估客户对广告宣传活动的反应，实时竞价有助于提升网络展示广告的有效性。而如果只关注实时竞价的交易层面，就会失去一大优势。

实时竞价使营销人员可以更好地管理其与客户之间的微妙互动，从而增强品牌知名度，并影响适合该品牌的客户。品牌营销人员可以购买更具体的人群，管理与他们之间的长期互动。“有了实时竞价，在交易市场上，我们可以根据用户逐渐增强的影响力对其进行理性估值，而不是基于巧合、错误归因和统计错觉对其进行估值。”旅游网站运营商 Orbitz Worldwide 的副总裁克里斯·史蒂文斯（Chris Stevens）说。

随着时间的推移，实时竞价有助于品牌广告主把潜在客户动机方面的有用认识与那些误导人的衡量指标和虚幻的统计数据区分开来。不加批判地重点关注某个衡量指标，如点击率，可能会产生误导。“本质上，互联网就是一台巨型的巧合机器。相关关系常常会和因果关系搞混。”史蒂文斯说，“这两个方面很容易出错。”实时竞价使品牌广告主可以构建统计方法把这种巧合分离出来。

实时竞价还通过把分散的个体合成群组来实现系统的规模化。即使这些群组的人员从来没有、也不可能在任何时空意义上聚集在一起，但我们可以追踪这些群组的活动，接触并锁定他们。通过把大量不同领域的出版商聚合起来，实时竞价可以再次帮助广告主达成规模化——通过聚集不同网站的大量碎片，践行精准锁定的额外承诺。

9.2 卖方的好处

实时竞价给出版商带来的好处，并不仅仅是能把剩余库存卖出去而已。网络交易平台上的竞价使出版商可以立即把库存出售给广告主群体，否则根本无法把这些广告主聚集在一起。虽然竞拍使出版商相互竞争，例如，当广告位的供应远大于需求时，但这一过程仍然对出版商有利。例如，由于广告主竞价，出版商的收益会提高。

对那些有明确价值的广告位，例如，对准备购买汽车的富有购买者来说，竞价会抬高这类广告位的价格。在过去，出版商往往必须接受广告主或广告网络平台的削价要求，然后广告主或广告网络平台再以高价转售这些广告位。现在，广告主对这类理想客户的大量需求会抬高出价。广告主会为那些能够让他们接触到理想客户的广告位支付高价，这样出版商就赚了。如果广告位提前几周出售的话，这一切都不可能出现。实时竞价使出版商能够在想买汽车的理想客户在网上浏览过汽车后不久，就把汽车卖给他们。

正如微软全国广播公司节目（MSNBC.com）前广告销售主管金奎（Kyoo Kim）指出的那样："我们注意到，通过实时竞价平台提交的滞销库存实现了真正的飞越……单个广告的每千人成本从30%上升到了300%。"[9]

并不是只有微软全国广播公司节目才有这一经历。供应方平台PubMatic进行了测试，结果显示，每千人成本得到了很大的提高。PubMatic的共同创始人和首席执行官拉杰夫·戈埃尔（Rajeev Goel）说："在我们早期针对精选出来的出版商和12个实时竞价买方的测试中，大概有数千个广告宣传活动和几十亿个广告位，通过实时竞价购买的广告位，其货币化的每千人成本比不通过实时竞价货币化的广告位高60%（有时候甚至比这还要多）。"[10]

实时竞价同时还赋予出版商一个极富说服力的媒体品牌卖点，而其竞争者搜索广告则不能做到这一点。例如，《时尚先生》网站上出现的一则广告具有强大的影响力，但就在做出购买决定之前，用户使用谷歌进行了搜索。通常，我们会把几乎所有的功劳归功于谷歌，但这忽略了在搜索之前进行的所有品牌宣传和认知创建活动，谷歌搜索只是后来才进入到游戏中来的。"把数万亿美元的销售收入归功于谷歌，这就好比是把家乐氏玉米片在超市的销售归功于收银员。"重定向公司Magnetic前首席执行官乔希·沙特金·马戈利斯（Josh Shatkin Margolis）这么认为。马戈利斯现在是通信零售公司Purple Cloud的首席执行官。通过实时竞价，出版商可以提供有助于网站重定向的广告位，帮助广告主了解网站如何影响最终的销售。

9.3 用户的好处

对用户来说有没有什么好处呢？有的。实时竞价提供的广告服务越准确，提供给用户的广告与他们的相关性就越强，同时，不准确广告的干扰减少了，混乱减少了，发生旗帜盲点（banner blindness）[⊖]的机会也小了。虽然可能不像媒体购买双方，即广告主和出版商获得的潜在利益那样大，但用户也得到了好处。

9.4 实时竞价的发展方向

作为一项技术，实时竞价打破了网络媒体市场的现状，但也遭到了批评。出版商抱怨他们能够开出的价格降低了，销售渠道也可能发生冲突。如果广告主可以在实时竞价中以低得多的价格购买到类似的广告位，销售人员怎么能继续收取高价呢？此外，买方（广告主）则说，他们竞拍到的广告位质量往往比较差。他们渴望大量高质量库存。

营销人员和媒体购买方毕竟有权决定广告的支出，虽然他们对实时竞价进行了诸如此类的抨击，但实时竞价富有活力，其最有力证据是，重量级的网络造市商如谷歌、雅虎和

⊖ 旗帜盲点是网页使用中的一种现象，指网站访问者自觉或不自觉地忽略横幅样的信息，又可称为广告的盲目性。——译者注

微软等都在支持它。

尤其是谷歌，已经决定支持实时竞价。随着付费搜索广告销售收入的下降，其支持力度将会进一步加强。或许是为了缓解对通过实时竞价出售的库存质量的批评（其中一些是通过谷歌的交易平台 AdX 出售的），2011 年 4 月 24 日，谷歌宣布即将出售“有保证的优质库存”。这可以成为谷歌通过接触优质广告获得品牌化购买的一种方式。如果真是这样，这可以成为谷歌的新策略。通过强调根据用户以前的浏览行为、相关性衡量和算法，能让广告主给用户提供最佳的广告，这一方式得到了发展。但这一方式并不总能吸引品牌营销人员。

“如果他们能够把历来向门户网站支付的大笔费用与效率和效果数据结合起来，他们会获得极大的成功。而效率和效果数据已经成了谷歌的同义词。”MEA Digital 当时的首席研究官（chief results officer）凯斯琳·瑞恩（Cathleen Ryan）说，“谷歌花了很多时间来打基础，使用一根‘管子’把因规模太小而无法与网络平台共事的大量中小型出版商连接起来了，再加上优质的大型目标网站，到达范围是很广的。如果要向广告主承诺的话，显然是可以与最大的网络出版商和优质网络平台竞争的。”[11] MEA Digital 现在已经更名为 Piston。

毫无疑问，实时竞价会遇到收费员的阻力。作为中介，他们当然不希望自己被清除。但使用实时竞价购买展示广告，能够改善媒体广告植入的效率，这显然具有很大的吸引力。另外，还有其他可以动态使用的媒体，例如，平板电脑和手机。随着这些市场的逐步成熟，这一系统的速度使广告主可以与其共同获得好处。

或许最有力的证据是实时竞价业务的成长。2009 年，只有 1% 的网络展示广告是通过实时竞价购买的。而到了 2013 年，大约有 22% 是通过实时竞价销售的。而且，随着大型出版商逐渐习惯于“程序化销售”（使用实时竞价的自动销售），这一数字还会持续增长。

正如 Triggit 首席执行官扎克 · 科留斯（Zach Coelius）在 2010 年年中所预言的那样：“很明显，良性循环正在充分发挥作用。最终，实时竞价和交易平台必将是更高效的市场。回顾历史发展的进程，我们可以发现，试图与市场效率的驱动力进行对抗，显然是非常愚蠢的想法。”[12]

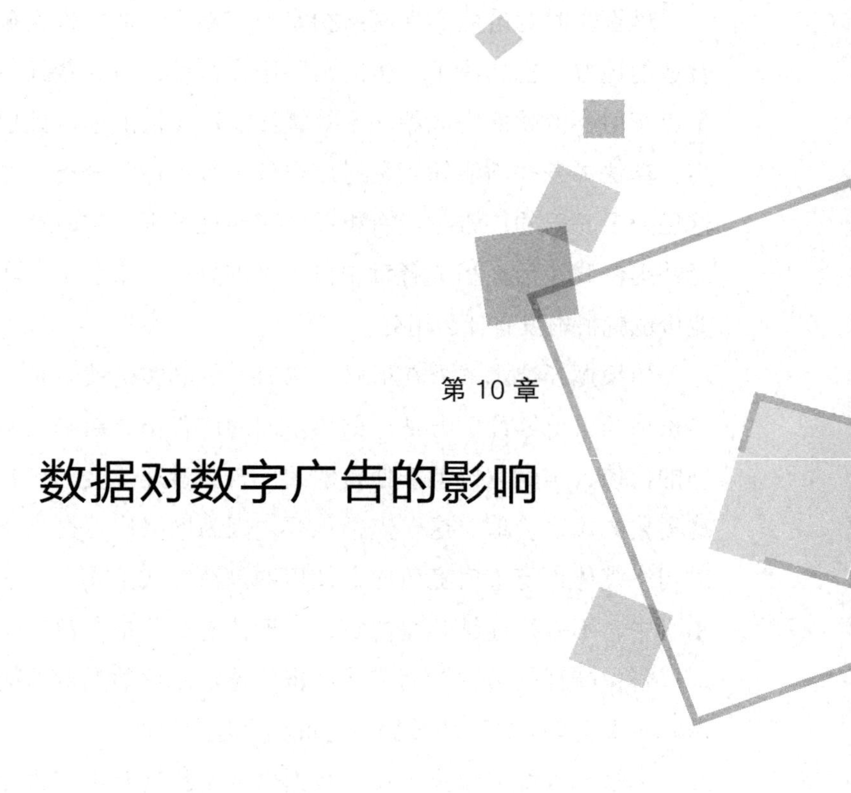

第 10 章

数据对数字广告的影响

尽管实时竞价能实现网络拍卖的自动化，把广告投放到合适的地方，也加快了广告的清除中介行动，但这些并不是单靠实时竞价就能完成的。不管算法能以多快的速度处理数字，算法本身并不能凭直觉对广告位进行评估和分类。如果这些数量无限的广告位没有相关的说明性数据，实时竞价就无法提供我在前面相关各章中讨论过的好处。事实上，实时竞价也就根本没有什么用处。

如果抛开技术的外在形式，实时竞价其实也就只是一种将价格与价值匹配的方法。如果不同的广告位看起来具有不同的价值，实时竞价就能使机敏的广告主迅速改变标价，但这需要先确定价值。这一点很重要，因为网络广告交易平台对网络媒体进行实时竞价时，使用的是荷兰式拍卖。在这类拍卖中，不进行连续几轮的竞价，无法提高价格。数据是描述广告位特征的关键，而描述广告位特征是评估其价值的关键。如果没有这方面的数据，竞价就会是盲目的。

不管广告位在哪里出现，数据也都是找到有用广告位的关键。没有数据，广告主就无法找到他们需要的用户，也无法通过竞价争取他们。这就好比不知道一辆车的牌照或没有任何相关描述，却试图跟踪这辆车。在网络交易平台出现实时竞价之前，广告主必须依靠出版商提供足够数量的合适类别的用户，才能以他们需要的规模投放广告。

实时竞价能以极快的速度进行定价，也实现了销售和广告服务的自动化。但大幅提升广告定位精准度和个性化的却是数据。因为有了数据，有史以来，广告主第一次能够独立地锁定所选媒体的单个消费者。

“数据比媒体本身更有价值。”大型数据供应商Blue Kai的首席执行官奥马尔·塔瓦科尔（Omar Tawakol）说。

这对广告到达率（reach）及投放对象来说意味着什么？是不是意味着，如今找到用户就如同扣篮一样精准？

有关到达率方面的每一个决策都涉及两个关键问题：“投放给谁？”和“为什么？”。对广告投放的每一位用户，我们都必须回答这两个隐含的问题。正是数据使我们可以回答这些问题，并使锁定得到保证。数据指导了广告的投放，使广告适合消费者。

这同样提高了广告的效果。J. 霍尔德·比尔斯三世博士（Dr. J. Howard Beales Ⅲ）说，行为定向广告的效果是非定向广告的两倍。[1]比尔斯是乔治·华盛顿大学的管理学教授，也是美国联邦贸易委员会消费者保护局前局长。

由此可见，数据是评估价值、提升到达率和效果的关键。

10.1 数据驱动的数字广告

好消息是数据很充足，但这也是坏消息。每一秒钟内，互联网用户行为产生的数据都呈指数级增长。

正如快艇掀起的尾波一样，在每次使用网络设备与数字媒体进行互动时，实际上，你会产生一系列可以描绘自身特征的信息，随着信息数量的逐渐增多，对你特征的描绘也会越来越详细。网络广告技术使营销人员和广告主可以在一秒钟内处理无数的广告位。每个这样的广告位都与一群不断扩大的数据点，也就是你的特征相关联。要想有效利用这些数据点，就要好好考虑并理解这些数据点。

在网络广告的早期，数据供应商，例如 Tacoda，主要关注的是用户上网浏览行为。要卖剃须刀？那就通过购买 ESPN.com 上的广告位来争取男性顾客吧。广告主利用浏览行为来判断用户的性格、意图和参与度（engagement）。但仅仅利用浏览行为的相关数据，能否真正帮助广告主了解应该对某个用户持什么样的期待，这是值得怀疑的。不过，汇总这些基本行为数据可以形成某种意义上的通行证。这样一来，如果某个用户在线的话，广告主就能找到他，而不仅仅是当用户在出版商的网页上时碰到他。广告主可以把他们当成受众进行兜售。这一通行证，扩展的身份侧写文档，能够削弱用户和其经常访问的网页之间联系的强度，因此，可以削弱互联网出版商对这些用户的所有权。

如今，为了知道如何锁定用户并确定购买哪些媒体，广告主及数据供应商要采集大量的用户特征和行为数据。

随着数据的大量增加，我们就需要更明确精准地锁定某一给定用户。虽然不能对每个用户定制广告内容，但可以对用户及其可能的反应进行更仔细的选择。这就提高了广告内容与其投放对象的匹配度。定位越精准，广告的效果就越好。不过，正如我们在幕后观察实时竞价的运作时所看到的那样，网络广告的所有参与者都有特定用户的各种不同的特征数据。他们所描绘的每个用户的特征是不同的，因为他们是从不同的角度观察用户的。

不过，为了更好地了解潜在用户而收集大量数据，其结果之一是，会前所未有地提高复杂性。现在，所有广告宣传活动因创造和理解受众带来的复杂性都逐渐降低到数据层次了。网络广告主担心的所有问题似乎都和数据以及应该如何使用数据有关。技术能够帮助处理与用户有关的大量特征数据，但是如何对用户进行分类，是否把广告投放给这类或那类用户，对于这些问题，必须在仔细思考后才能回答。营销挑战依然和过去一样，但现在需要进行这样的决策：如何处理更深层次的信息，数据之间的区别在哪里。不管交易是发生在自动化的在线拍卖平台上，还是通过销售人员的谈判进行的，购买什么、支付多少仍是关键问题。不过，正是数据代表和体现的价值使这一媒体很有用。

数据的复杂性和明确性越来越高，这会导致另外两个同样值得关注的结果：可以聚集多大规模的受众和能以多快的速度做到这一点。你所要求的目标受众的明确性与锁定群体的规模大小呈反比关系。

即使有如浪潮般汹涌而来的数据，你对想接触的客户特征的描绘越具体，要找到很多这样的客户就越困难。假设你只想对 65 岁以上、惯用左手、带三焦点眼镜、拥护税制改革、吃素食、自己打包午餐却不用塑料袋打包三明治的男性做广告，要想快速找到很多这类人，就得看你的运气了。

营销人员为他们假定的理想客户构建侧写文档。随着营销人员为其产品追踪合适的潜在用户，这些文档会越来越详细具体。网络广告技术创建的数据现在能帮助营销人员找到那些刚好具有他们所确定的各种特征的用户。然而，这一选择过程越是受到数据的驱动，要想聚集到足够规模的用户就越困难。早在大众化电视广告活动的初期，营销人员会购买几百万名观众，所有这些人都在同一时间观看《我爱露西》。当然，每一个观众都是独特的个体。但营销人员把他们视为可大量互换的眼球（eyeballs）。

如今，网络营销人员正趋向于另一极端。一旦你充分了解这些用户，就会知道没有哪个用户是可以互换的。因此，要获得足够规模的这类用户也就越来越困难了。此外，这些用户可能会在不同的时间点对广告表现出最高的接受度。（请记住，网络营销人员是在须臾之间购买单个用户。）

如果不能灵活熟练地使用的话，数据可能会淹没网络媒体的购买，浪费金钱。而如果能巧妙地使用的话，数据将创造巨大的影响力。

□ 案例研究

利用数据

有时候，可以很顺利地找到并很好地利用合适的数据。环球影片公司（Universal Pictures）为其电影《命运规划局》（*The Adjustment Bureau*）发起广告宣传活动，其中一个活动是利用大量数据集分析其前景。这是个进行有效定向（targeting）的例子。2011 年 1 月和 2 月，环球对该电影的首映式进行了在线广告宣传。环球影片公司驻加利福尼亚埃尔塞贡多（El Segundo, California）的代理机构 Ignited，把大量广告预算花在了传统方式上：在电影迷经常访问的网站或者告诉人们看什么电影的网站上，例如，Fandango.com 和 IMDB.com 进行各种内容定向（contextual targeting），并且购买优质内容。

在这次广告宣传中，还使用了人口统计特征定位。《谍影重重》系列片的男星马特 · 达蒙（Matt Damon）在电影中扮演主角。在预映中，这部电影就像是惊险片《谍影重重》一样。达蒙在电影中扮演了一个梦想成为政治家的人，与潜伏在他貌似规矩的生活背景中的影子人物作斗争。Ignited 预计 18 ～ 45 岁的男人反应会不错，所以购买了这个人口统计特征群体。

此外，Ignited 雇用了位于波士顿的需求方平台 DataXu，对其他有用广告位进行了前景分析和优化。Ignited 只划拨了大约 5% 的广告费用给 DataXu 进行受众前景分析。

广告宣传活动中的展示广告播放了一段该电影的简短预映。用来衡量效果是否令人满意的指标是用户是否与广告进行了互动（“参与”）。参与可以是点击观看预映、收听原声带或点击进入该电影的网站。

整个广告宣传活动要很简短，同时也不能有任何瑕疵。因为这一广告宣传活动只是在电影首次播放前几周进行的，不会有“命运规划局”来挽救广告活动。如果定位或者策略无效，就不会有机会从错误中吸取教训来调整广告宣传活动。

“电影发布的营销窗口（marketing windows）是短暂的。” Ignited媒体部高级副总裁戴夫·马丁（Dave Martin）说，“我们通过数据挖掘来锁定消费者的机会并不是很多，也没有衡量是否影响了人们的意向，因为等到你拿到数据，电影已经上映了。”

有些用户会以一种或多种理想的方式进行互动，DataXu先分析投放给这些用户的广告位。对那些获得成功（转化了）的广告位，DataXu对这些有价值用户的行为踪迹和特征进行分析（有价值的用户会以广告主所期望的方式参与到广告中来），这些行为和特征会影响用户参与到广告中的程度。接着，借助麻省理工学院开发的组合优化算法（原来是为美国国家航空航天局的火星使命（Mars Missions）项目开发的），DataXu构建了一个可以不断改进的用户转化预测模型。

DataXu利用这一模型寻找那些有良好回报的用户，并通过类似内部竞拍的方式来确定向用户展示的广告位需要支付多少费用。每个月DataXu一般要在16个网络交易平台上查看大约2 500亿个广告位，其中包括谷歌的AdX以及Rubicon和PubMatic的交易平台。在广告宣传活动持续的每一秒钟内，DataXu的系统会对成千上万条广告位进行分析和竞价。所有这些广告位都是通过网络交易平台购买的。

当然，DataXu 并没有赢得竞拍的每一个广告位。对环球影片公司的目标而言，有一些广告位实在是太贵了。然而，它找到了大量的用户，还发现了一些重要的受众，电影工作室及其代理机构原先没有预料到这一点。

例如，预映中也描绘了达蒙和艾米莉·布朗特（Emily Blunt）之间炽烈浪漫的爱情。这对情侣与命中注定的各种强制性潜规则进行了抗争。因此，DataXu 试图锁定 18 ～ 49 岁的女性。这一群体的反应非常强烈。所以，DataXu 购买了更多广告位来锁定这个人口统计特征群组。

整体上，DataXu 的方案是完全依据效果来利用预测模型对观众进行预测分析。这是一种实用主义方法，并不关心老一套的细分市场。那些观看了 DataXu 广告的用户，相互之间的差异可能是非常大的，他们可能是完全随机组合在一起的。但这并不要紧。如果对某些用户来说，这个广告奏效了，那就是奏效了。即使这些用户无法归到预先设定的任何观众类别中，DataXu 还是购买了这些用户。这一分析和建模的基础是经验观察，而不是有关电影观众群组的某种营销理论。

观众购买主导整个广告宣传活动。许多广告主及媒体购买商习惯上使用电视广告主开发的观众模型。但那种方式不适合网络。回想一下我在前面所举的例子：女儿代听力受损的父母购买助听器。如果受众营销人员只购买了老年人这个人口统计特征群体，因为原来设想，这一群体是设备的使用者，那就不能锁定大量潜在购买者了。

“如果只进行静态的媒体策划，那就可能会锁定错误的受众。”在提到《命运规划局》广告宣传活动时，DataXu的市场项目经理丹妮斯·瓦达克斯·丝蒂娜（Denise Vardakas-Styrna）这么说，“你需要动态调整方向。”

成功是必然的。广告宣传活动结束时，DataXu花费的每一美元带来的收益已经是Ignited使用其他受众或人口统计特征购买方式的2倍多。此外，网络受众预测是整个广告宣传项目中唯一规模化达成这一结果的活动。这一活动获得的到达率是其他各种组合方式平均水平的15倍。“DataXu从每提升成本（cost-per-lift）这一观点中得到了很多收获。”Ignited的戴夫·马丁说，“这显然超过了我们的预期。”

Ignited倾向为潜在的电影观众提供充分时长的高清预映（2～3分钟）。大家认为，网页上小型横幅广告提供32秒版本的预映是劣质方案。“在理想的世界中，我们不会使用横幅广告库存去影响观众的意向。”马丁说，“但我们生活在一个不理想的世界。真实的世界里有很多横幅广告。我们希望从这些横幅广告中获得反应。”

就如同政治权术一样，这是一种“可能的艺术”。马丁评论道，“我们必须购买横幅广告，尽可能利用它。但是DataXu展示的横幅广告给我们带来了更多的反应。”

这是指DataXu购买的广告位所引发的点击超过了其他平台。

《命运规划局》受到了广泛的好评。上映后第一个周末，即2011年3月3日至6日，票房收入是2.12千万美元。这一票房收入是很不错的，但对一部由达蒙这样的大明星主演的电影来说，这还不够好。票房收入排在第二位，排第一位的是《兰戈》(*Rango*)。这是一部对西部人进行恶搞的动画片。《命运规划局》的广告宣传活动说明，数据能够带来多大的收获取决于很多因素。数据具有工具性价值，对网络拍卖来说非常重要，但并不是决定成功的唯一因素。用律师的话来说就是，不具备支配权(dispositive)。交响乐乐谱上的音符是有意义的。这些音符就如同数据。甚至更好的是，在每场表演中，这些音符都是一样的。但并不是每个人在演奏这些音符时都会得到同样的结果。这取决于某个音乐家如何表达这些音符。

同样的规则适用于如何充分利用网络用户数据。不过，与音符不一样的是，关于网络用户的数据总是在变化。这些用户是公认的移动性目标。

网络营销已经经历了从购买媒体到购买受众作为代理指标的发展过程，然后是购买结果。结果以点击或任何被选择用来衡量效果的形式来表示。你总是在寻找这些能够奏效的金块。如何才能有效地利用这些数据，则取决于营销人员的技巧和数据之外的考量。

“营销人员要在网络广告宣传中做出最好的决策，就必须要能够同时获取媒体和数据，这二者会影响他们能否有效地实现对品牌最有用的目标。”需求方平台MediaMath的首席执行官乔·泽瓦茨基说。

《命运规划局》的广告活动也显示，在网络广告中使用数据是一种选择，这种选择没有培养（cultivation）的机会。这些数据总是发生在一瞬间。“你再也不会看到这个广告位了。”DataXu的首席技术官和共同创始人比尔·西蒙斯（Bill Simmons）说。

而且，对广告的个人反应也会不断发生变化。假设可以准确无误地确定某一受众，同时这一受众是最佳的广告对象。在看了几次广告后，这个人就不会再有反应了。这就是所谓的旗帜盲点，这也是广告主不会很多次播放广告的原因（这被称为频次控制（frequency cap））。理由是，即使数据选择很完美，也不可能持续利用某一受众。

一个人的反应也可能因所处生命阶段而变化。假设你了解到某对用户突然大量购买纸尿裤，他们很显然是最近当父母了。乍一看，这似乎和广告宣传活动没有关系。但是新晋父母常常有意购买一辆新车，例如，面包车，所以现在他们很乐于接受在线汽车广告了，而在以前则不是这样的。你找到了一个新的理由去锁定他们。

由数据驱动的网络广告投放就如同抓一只在飞翔中的小鸟。广告主必须随时准备有效利用转瞬即逝的机会，也必须随时准备放弃。

营销人员在信仰上发生了一次突破，相信他们使用的数据其实很好。但是一家人可能共用一台电脑上网，包括父母、儿子和女儿四个完全不同的人。当家人共用电脑时，这些 cookie 到底代表谁呢？

从另一个角度来看，《命运规划局》的广告宣传活动也很说明问题。除了数据以外，这个广告宣传活动的效果还取决于其他因素。例如，仅仅把 5% 的预算用来为 DataXu 找到用户展示横幅广告，这一决策影响了结果。给 DataXu 的广告位分配较低的预算可能降低了广告宣传活动的整体效果。虽然横幅广告更简短、吸引力更小，但给这些受众投放更多的横幅广告可能会产生更好的效果。代理机构或许应该选择其他的衡量方式，而不是点击。

在 DataXu 参与之前，所有这些问题就已经被决定了。DataXu 必须能处理这一切问题。虽然数据很重要，广告投放仍然只是个子系统，必须与整个广告宣传活动的管理相结合。

即使需求方平台或广告代理商只需要选择数据，要想购买有效的网络广告位也仍然是不容易的。在技术驱动广告投放的背后，还有一系列广告寻找、定价、发布的决策性问题。

另一个需要考虑的是到达率问题。假设你有充足的时间去获取合适的广告用户，你怎么能肯定自己已经获得了想要的所有用户？假设你有一家在网上做广告的度假胜地，到达率将转化成两个问题：覆盖率和分布。覆盖率要解决的问题是，例如，“你有没有获取所有对夏威夷旅游感兴趣的用户？”分布关注的问题则是，到哪里去找到这些用户。你怎么知道他们会去哪里？在哪里可以找到并正确确定这些用户？

10.2 数据的管网系统问题

对出版商来说，其中一个关键的问题是泄露。重要用户的数据是否会从出版商网站上泄露出去或被人获取，这样，广告主就可能在广告位更便宜的其他地方接触这些用户。一些出版商担心这种泄露会降低他们的销售收入。用一个假设的例子来进行说明。我们假设有个用户经常访问福布斯网站。这个网站对其用户即受众收取高价。现在我们假设，广告主通过某种方法从福布斯网站上获得了数据，这样一来，在这些用户访问提供更便宜广告位的网站时，他们可以确定这些用户。广告主使用实时竞价购买这些更便宜的广告位，而不是购买福布斯网站上更贵的广告位。这就削减了福布斯网站的收入。这种数据泄露是定向管网（plumbing）系统中的一大问题。

另一个需要考虑的重要问题是数据越来越嘈杂。这不仅仅是指制造这种嘈杂的相当一致的数据，如沃尔玛的一系列交易数据或人口统计特征数据。现在有音频、视频、文本、结构化和非结构化数据，还包括你女儿在社交媒体上写博客时出现的广告位。在这种信息粒子的不断爆炸中，要从这一片嘈杂中提取有用的信号越来越难。

目标就是达到良好的控制水平。“在考虑该支付多少之前，你需要知道为什么要做这件事。”乔·泽瓦茨基说。一旦你开始问为什么买这个数据而不是那个，这就带出了几个更基本的问题。有充分的证据证明这些数据真的有用吗？网络广告宣传活动实现了最终的营销目标吗？专注于点击可以让你消除疑虑，觉得直接反应广告产生了效果。那一定很不错，对不对？

广告界的一些人认为，这一假设是一种极其短视的观点，这一观点忽视了品牌的需求。例如，广告代理商White Lightning + Judge’s Son的首席执行官约翰·多纳休（John Donahue）认为，我们在数字广告中给自己制造了很多问题。

在强调点击方面，多纳休说：

> **由于把广告位与用户对广告位的反应（点击）混淆在一起，我们已经搞不清楚自己的职责了。直接反应就如同杂波一样，使我们远离了广告的基本目标：用品牌的核心价值主张去激励消费者。我们把点击和已经与品牌建立实际关系的用户混淆了。在竞争激烈的广告技术环境下，因创建一段实际上并不存在的关系（例如，品牌关系）而得到好评，这种诱惑力实在是太大了。技术有助于形成规模、进行细分、促进点击，但并不**

能带来营销人员希望获得的品牌知名度。我们追逐的东西……是错的。

很显然，点击是相当模糊的。用户进行点击，可能会做广告主希望说服他做的事情。或者，用户点击也有可能只是焦急地想从工作中解脱出来，分散一下注意力，就好像是“吃零食”一样。

10.3 数据驱动品牌化

营销人员常常用“漏斗”来描述潜在消费者在购买（漏斗的底端）前进行的系统研究和考虑过程。品牌化，获得认知、考虑、好感、偏好、回忆和忠诚，通常展示在顶端，即漏斗口敞开的那一端。通常假定，网络用户在采取更积极和直接的反应之前，应该有一段了解品牌产品或服务优点的心理过程。

在品牌化过程中，利用数据的一种新颖方法是对品牌建设方案进行实验，类似新药研发中的双盲临床试验。开始时，为了具有统计显著性，营销人员选择一个足够大的总体，然后对其中的 95%（暴露组）播放广告，而没有看到广告的 5% 实际上就是控制组（非暴露组）。这些人可能什么也没看到，也可能看到的是公益广告，相当于安慰剂。

然后，营销人员给两组人员都发送调查问卷，即广告技术首席执行官所称的“ ADHD 调查问卷”。这一问卷就该品牌的产品对用户提出一个问题。非暴露组的品牌认知是基准线，代表了公众的认知。暴露组高于控制组的程度就是一开始对这95%的群体播放的广告对品牌化产生的作用。

这种由数据驱动的品牌化是怎么进行并获得成功的？2010年11月，福特汽车公司为其最畅销的F系卡车新的旗舰产品2011系进行的广告宣传活动，就是这方面的一个例子。该广告宣传活动的目标就是让互联网用户知道，这一系列卡车具有高性能新引擎，具备最佳的燃油经济性。

这一广告宣传活动的目的并不是为了促进近期的购买。任何时候，市场上只有极少的人想购买新车，所以这并不是直接反应广告，不计算点击量。相反，福特的目标是优化客户的态度（把他们的态度转变为"我感觉这卡车开起来很棒"），而不是引发行为（例如，订购宣传册或寻找经销商）。此外，福特的代理机构Team Detroit知道，在1万个用户中，只有3个人会点击广告。Team Detroit是由几个福特专家组成的，这些专家来自WPP旗下的不同广告和营销代理机构。该团队想知道，如果其余99.97%的用户在网上看到了广告，他们如何才能有效利用这些用户呢？他们还想知道，这99.97%的用户的构成情况、他们怎么购买商品的以及支付了多少钱。

在过去，福特代理商会把重点放在用户是否访问了福特的网站及是否要了宣传册上。这是以营销人员而不是用户为中心的方法。在这个例子中，Team Detroit并不在意是否把广告带来的流量导向了福特网站或其他网站。该团队展示了几个不同的横幅广告来描述引擎的新特点及其改进情况。

“在这种广告宣传活动中，在哪里展示广告并不那么重要。”Team Detroit 的高级副总裁约翰·格雷（John Gray）说，“哪个网站并不重要，哪个受众细分群组看到了广告才是更重要的。”

Team Detroit 与 DataXu 一起合作把网广泛撒开，由此产生了许多细分群组：按年龄、性别等人口统计特征细分的群组、地理细分群组、运动爱好者细分群组以及其他群组。DataXu 在大量优质内容网站上购买了广告位，从网络交易平台和 comScore 上精选出了 250 个网站。

最初的样本（最后总计有 2 880 万名消费者）要足够大，这一点很重要。因为随后代理机构计划投放第二个广告，其中包含一个问题的调查问卷。因此一开始就要让大量消费者看到这一广告，这样才有足够多的调查对象，在统计上具有显著意义。接下来，代理机构选择一个控制组，控制组成员没有看过这个兜售新引擎的广告。

在整个广告宣传活动中，DataXu 和 Team Detroit 一直将暴露组对卡车新引擎价值的认知变化与控制组显示的价值认知进行比较。认知与偏好的提升是与多个因素动态相关的：广告的创意、观众的人口统计特征、网页的内容、星期几、时间点、地理及其他因素。

因为这些结果是实时显示的，DataXu 把目标锁定在认知或偏好提升（用广告术语来说是品牌提升）最大的细分群体成员上。同时，DataXu 评估（与控制组相比）要获得不同程度的最大提升，需要支付多少费用。

这可以用来指导广告支出。Team Detroit花在获得最大提升的细分群组广告位购买上的费用，一直在稳步上升。

当然，数字驱动这一方法也有其局限性。例如，DataXu或许能从一群痴迷于卡车的12岁男孩这一群组上获得最大的品牌提升，却赚不到什么钱。而算法可能会把每一分钱都用来购买广告位，锁定这一群组。虽然代理机构并不需要马上把卡车卖出去，但也不会打算在这些还没有驾照的小孩身上花钱。代理机构希望提升品牌价值，但还没有急切到这种程度。

品牌提升是好事，但并不是所有的提升都是一样的。

对福特来说，关键是利用机器学习和数据提升营销的效率。如果没有这种实时指导来不断调整广告宣传活动，代理机构就无法指望可以充分利用其在媒体上的投资了。在这种网络广告技术出现以前，要在广告宣传活动中做这些调整是很慢很麻烦的。不断学习并掌握什么是有效的，在剩下的广告宣传活动决策中，把这些因素动态结合起来，这样，广告宣传活动持续的时间越长，这一活动也就变得越智能。

最后，公布了品牌化的效果。DataXu的锁定使偏好程度提升了9.4个百分点，而认知提升了5.8个百分点，接触了2 880万名消费者，平均每名消费者观看了3.1个广告。

“通过这一近乎实时的决策，我们知道应该去锁定哪些人，为他们支付多少钱。”Team Detroit的约翰·格雷说，“这可以说是某种意义上的品牌化。通过一种高度优化的媒体投资建立新认知。”

自此，Team Detroit 在所有网络广告宣传活动中都使用了这种方法。“这就好比是一张放满了培养皿的桌子，”格雷说，“一直在进行实验。我确实在团队内推行这一持续改进的理念。我们一直进行着实验、学习、改变、实验和学习。我发现在数字亚文化中有很多这样的理念。”

10.4 数据驱动销售

在其他章节中，我提到过数据驱动的举措，例如，网站重定向或搜索重定向，这些举措大幅提高了用户的参与度。这类广告大多仍然属于直接反应而不是品牌化广告。不过，有其他各种创新方式可以熟练利用数据来加强品牌化，甚至在宣传周期很后面或漏斗接近底端的阶段都可以利用。

有一种技术是使用在线零售商的虚拟购物车来做实验。在已经放了商品的购物车中，不管品牌亲和力有多高，大约有 70% 都被放弃了。放弃的最重要的两个原因是价格和时间。正如我在前言中所提到的：网络用户可以轻而易举地离开登载广告的网页，他们有一种近乎无政府状态下的不忠诚。

如果用户被价格吓到了，技术可能并不会有多大帮助。但很多用户放弃装了商品的购物车，是因为受到了其他更重要因素的干扰，于是这一关键时刻就消失了。

广告主用来锁定某一广告用户的识别数据可以帮助他们在网上其他地方找到这个人，这就像一位小旅行推销员停在用户的网络家门口，而购物车里还装着用户选好的商品。

这种“你是不是忘记了什么？”形式的重定向也存在风险。事实上，用户不会把购物车视作有用的小机器人，例如瓦力（Wall-E），而是视为想获得赏金而在他们上网时进行跟踪的猎人。一方面，这种由数据驱动的重新联系上用户的新方式也存在很大的风险，用户可能会觉得太咄咄逼人了，叫人生气甚至毛骨悚然。（如果美国国税局用这种方式收税的话，一定会引起一片哗然。）

另一方面，不可否认其便利性。如果用户是真的想要买东西，其中断的购物过程并不只是在网上踢踢轮胎，那么用户就不用浪费时间再经历一遍整个选择过程。事实上，购物车就好比是旅行队的骆驼一样，在网上逛到哪儿就跟到哪儿。用户可以在提供购物车的展示广告那里完成购物。他们不用离开正在浏览的网站，返回到零售商网站，希望购物车还等着他们。

此外，如果用户对该品牌有亲近感或强烈希望购买这一商品，尾随在其身后的购物车提供了极大的便利性，可以提高他们对该品牌的亲近感，增强这一关系纽带。

有时候，数据驱动的智能锁定和销售需要知道什么时候停止锁定。“我们遇到的问题并不是锁定用户，”DataXu 首席执行官迈克·贝克说，“而是这种锁定不够智能。时效性太差了，在时间维度方面存在问题。整个行业在智能化，但还不够。”

影响品牌亲和力的数据的另一不太知名的用途是，使用数据评估用户可能的实时反应。大多数产品的销售都呈现“衰减曲线”形状，如图 10-1 所示。纵轴代表用户自初次接触广告后购买产品的可能性，横轴显示这一可能性随时间降低。正如该图所显示的那样，随着时间的流逝，购买的可能性通常会急剧下降，再慢慢接近于零。

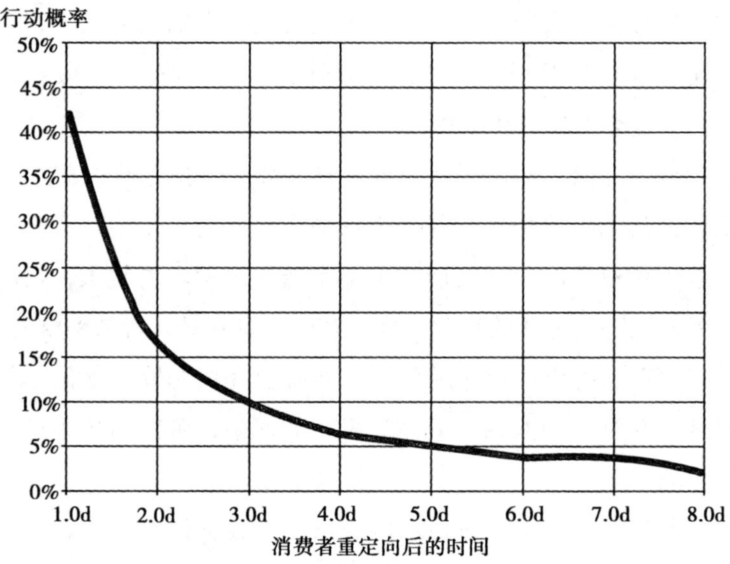

图 10-1　这一衰减曲线显示，随着目标用户看到广告后时间的流逝，他们购买的概率在下降。在重定向广告宣传活动中，看完广告 1 天后，大概有 43% 的用户购买了商品。重定向 8 天后，几乎没有顾客购买商品。衰减曲线也显示，重定向广告宣传活动所引发的购买兴趣是下降的。

假设有位用户在诺德斯特龙（Nordstrom）上浏览休闲裤，并且假设诺德斯特龙没有设置大量网络购物车来追踪遍布网络的用户来促进购买。在某些情况下，对某一特定品牌和产品而言，衰减曲线可能会非常陡峭：用户对这一产品的兴趣可能在一分钟内就降到零点。

数据带来的信息越多，评估越快，广告主就能越理智地①快点把裤子卖出去。②在后面对这一用户投放广告时降低竞价，以及③停止对这一用户做广告。

例如，DataXu 的分析技术不断为正在播放广告的产品计算衰减曲线。然后基于这些结果，降低对广告位的竞价。一般假定，一天后用户要么买了这条裤子，要么就没有兴趣了。这时，就会停止对这一用户的锁定。无论是哪种情况，这个用户都不再值得广告主再以任何价格对其进行广告位投资了。

10.5　重要指标

数据并不仅仅是用来锁定的，也可以用来记分。不管是直接反应广告还是品牌化，怎样才能更好地利用数据，这在很大程度上，并不是完全而是在很大程度上，取决于广告主选择的指标。虽然这看起来似乎有点奇怪，像是把马车放到马的前面了（本末倒置），但指标决定了我们如何衡量结果以及选择什么来进行衡量，因此，指标的选择会影响效果。确定应该衡量什么，进而决定如何界定效果。反之亦然。你选择衡量某些东西，是因为已经确定什么是满意的效果。

只改变等式的一边是无法改变范式（paradigm）的。要想改变范式，就要选择全新的等式。

对品牌化而言，这一问题显得更为重要，因为要把认知提升与最终销售额关联起来是很难的。我们都知道这两者之间有关联，但这一关联是很粗略的。eMarketer 的高级分析师保罗·弗娜（Paul Verna）认为："在数字领域，品牌化广告宣传活动是难以衡量的，使用传统媒体也是一样。"[2]

这就是为什么衡量点击率能对网络广告产生如此大的影响力。有了点击率，你至少可以把那些在线看了广告后受到驱动而采取行动的用户识别出来。但问题是，营销人员应该在多大程度上依赖这类数据？

越来越多的广告技术创业者、出版商和评论员日益关注点击率的支配地位或过度依赖点击率。虽然没有人想彻底消除点击率作为广告效果衡量指标的威信，但一些支持者已经发动了他们的链锯（chain saw），把点击率的威信打下一截了。

关注点击率有若干原因。正如我们在前面看到的那样，有些点击是没有什么意义的行为（"吃零食"）。每 1 000 个看到广告的用户中只有大概 3 个人会点击这个广告。从另一个角度来看，这个问题就是，"在 99.97% 的情况下，广告位都没有带来点击。"[3]这是很微弱的效果证据。即使有意激励用户，点击与线下销售的相关性也并不是很强，而 92% 的销售仍然是在线下进行的。

不过，这一低相关性不足为奇。2011 年，全世界新建了 3 亿个网站，互联网上的网站总数大概超过了 5 亿个。有哪个平面设计师能把全世界的网站地图绘制出来？互联网上的这些前哨基地带来的影响，让大家产生了一种杂乱的体验，在网站内部和网站之间都呈现这种杂乱。我们每个人每天都会在线上和线下接触几百个广告。

一个问题是，即使这些广告确实在我们的心理雷达屏幕上闪现了一会儿，但是我们到底会给予多少关注呢？大部分人说，他们根本不会点击广告。虽然这显然不是真的，但要确定这些广告的影响力却是很困难的。

另一个问题是广告内容以及广告呈现方式的碎片化。每个网页上都有两个以上的广告。每次点击广告，你就会打开一个新的页面，上面有新的内容和新的广告。在网上，我们并不会像看电视剧内容一样被动地沉浸于编辑或广告内容中，因此这种观看体验更为分散、更容易分心和难以集中精神。

网络展示广告分析公司Moat的创始人乔纳·古德哈特说：

> **当我们收看电视时，这种观看体验是相对一致的，而网络广告的观看体验则与之不同，是完全不一致的。这取决于你访问的是什么网站、广告的大小、出现在网页上的位置、你是否把网页下拉到能看到整个广告以及这个广告是否有视频或声音吸引你的注意力等。更不用提的一个事实是，上网时，我们通常并不是坐在那里被动地观看，而是积极地进行消费。我们不断地进行浏览、研究、与朋友传送消息、分享照片、阅读新闻甚至办公。我们做的这些事情，对我们是否会注意到广告产生了极大的影响。**[4]

在这种情况下，对编辑和广告内容进行消费，就好比是想从消防水管中喝点水。新的广告技术公司，例如 Moat，正在开发新的指标，以促进对用户态度和行为影响因素的了解。希望在这些指标的引导下，网络用户体验会更一致，广告也更有效。

第 11 章

数据收集及其对隐私的影响

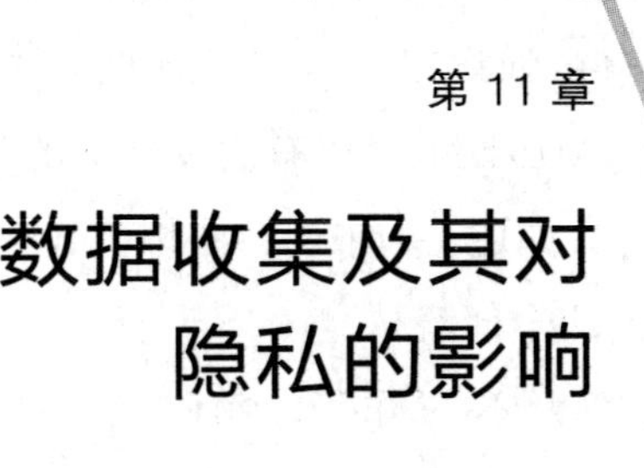

杰里米·边沁（Jeremy Bentham）是英国哲学家和社会改革家。1787年，他前往白俄罗斯的克里切夫旅行。在那里，他和兄弟塞缪尔提出了一种全新的监狱设计。他称之为“圆形监狱”。[1]他的设计理念非常独特：囚犯受到全天候监视，而且他们知道这一点。很残酷而且很独特，对吧？边沁称之为“一种通过思想改造获得精神力量的新模式”。[2]这种新型监狱模式是否能比当时的其他监狱模式更好地改造或惩罚囚犯？这并没有得到肯定。尽管“圆形监狱”的概念并没有得到采用，但“圆形监狱”仍有启发意义的是，对18世纪后期的社会改革家（如边沁）来说，能想象到的最有效的惩罚方式是剥夺一个人的全部隐私。

时代已经大不一样了。2012年6月5日，Airtime.com开始运行。这是个新的社交视频网络，可提供即时聊天服务。脸谱前总裁西恩·帕克（Sean Parker）是这一网站的共同创始人。西恩·帕克还是Napster的共同创始人，Napster提供音乐文件共享服务。目前，Airtime只接受脸谱用户。只要点击一个按钮，你在脸谱上的所有个人资料都将自动转移到Airtime账户上，包括你的姓名、照片、性别、学历、兴趣爱好、地址、宗教信仰、政治观点和工作简历以及大量其他数据。同意Airtime的条款，意味着你允许该应用程序在你观看、添加视频以及进行其他操作时，以你的名义（此时不需要得到任何许可）发布相关信息。谁能看到那些视频状态？条款是这样写的：“这（应用程序）无法控制谁可以看到你在这个应用程序中的活动以及什么时候在应用程序里你会被打上标签……”

“无法控制”这一短语让人觉得分享好像是无差别、不加选择的。但这并不是很准确。这一算法试图对你和陌生人（即那些不是你的脸谱好友的人）进行兴趣匹配，然后把你介绍给他们。一旦你选择点击进入，无差别共享就会自动进行。这些都是通过算法完成的。虽然你的 Airtime 匹配对象可能与你有一些相同的兴趣，但谁知道你和匹配对象之间有哪些或有多少不同呢？这是个由算法设置的相亲（blind date），存在相亲的所有潜在缺陷。

此外，如果你同意，那就意味着允许 Airtime 通过（可能是偶然随机地）对聊天进行截屏，来监控你与陌生人的视频聊天。当然，Airtime 表示，这是为了保护你。

当然，Airtime 是自愿的。不像圆形监狱，你没有犯罪，不是到 Airtime 服刑。你必须选择加入。但是，不时受到技术的监控，而这并非你自愿的。从这一角度来看，Airtime 和圆形监狱之间似乎有很多相似之处。

在国内外，越来越多的隐私倡导者痛惜，在很大程度上，我们的隐私受到这些在线服务和广告主跟踪的侵犯。出于广告宣传活动的目的，在没有得到你的许可的情况下，在商业上分享你的数据来进行行为的锁定。在你没意识到的情况下，隐私不断受到侵犯。这引发了不满、抗议及感觉隐私受到侵犯的原告的一系列集体诉讼，也有人建议美国政府进行更严格的监管。

美国联邦贸易委员会的一份初步报告（preliminary staff）

这样写道：

> **在今天的数字经济时代，消费者信息比以往任何时候都重要……虽然许多……企业都在负责任地管理消费者信息，但也有一些企业似乎在用一种不负责任甚至鲁莽的方式处理这些信息……许多线上和线下的企业都没能充分解决消费者隐私方面的利益问题。整个行业必须做得更好。对于每个企业，隐私应该是个基本的考虑，和跟踪成本收益或战略规划一样重要。**
>
> **在现代，隐私概念的应用决不是简单直观的。消费者生活在这样一个世界里，他们的购买行为、在线浏览习惯与其他线上和线下行为信息都被收集、分析、综合、使用和共享，而这些常常是在无形中瞬间进行的。**[3]

欧盟对在线跟踪颁布了严格的规定，建立了触犯隐私的刑事处罚，并要求提供选择加入的协议。

在某种程度上，这一激烈的反应是对技术和相关社会规范的不同发展速度的一种回应，是可以理解的。技术的发展速度总比技术管理方法的发展速度来得要快。我们利用和开发技术的方法要比制定法律或法规来利用技术的方法更多，速度也更快。

“从政府治理、遵守法规和保护消费者的角度来看，技术管理的完善发展……不是一个快速的过程。”J. 特里沃·休斯（J. Trevor Hughes）说，“然而，技术的发展是一个快速的过程，遵循摩尔定律。”休斯是律师，也是国际隐私专家协会（International Association of Privacy Professionals）的首席执行官。

但是隐私倡导者的担心不仅仅表现为对技术快速发展的焦虑。网络和我们的联网数字设备引发的浪潮已经将我们个人隐私的堤坝夷为平地，卷走了我们大量的个人身份信息（PII）。这呈现爆炸性发展，速度极快，公然挑战透明度（transparency），更不用说意识了。这让许多人感觉到，有些超出我们理解和控制能力的坏事正在悄然发生。在线技术会威胁到我们的隐私，这是真的吗？

11.1 cookie 带来的麻烦

因为很多人都听说过，在不知情或未经同意的情况下，cookie 会被植入他们的电脑，所以我们就从这里着手。在 2013 年第 4 季度，每天估计有 1 380 亿 cookie 被放在美国人的电脑里。[4] 在本书前面章节，我讨论了令大多数人疑虑的浏览器 cookie，但这些 cookie 通常不包含个人身份信息。它们只是一串串比较短的编码，就像我之前说的那样，它们就像戴着没有你名字的名牌。但出版商、广告主或其分支机构仍可以说他们把 cookie 放进了你的电脑。这种 cookie，即使没有个人身份信息，也能帮助广告主和广告技术企业将你和你的联网设备与资料联系起来，这些资料被存放在网络交换平台、需求方平台、供应方平台、广告主和数据供应商的网站上，并会不断更新。

不想被跟踪的用户可以很轻松地清除这种 cookie。[5] 但几乎只要你一转身，你就会发现用来跟踪的新 cookie 又被设置在电脑上了。谁会有时间勤勉、不厌其烦地不停删除这些 cookie 呢？谁都不会这么干。

当关于你个人、浏览行为和购物习惯的资料变得越来越详细，要想不被识别出来，那是自欺欺人。在某种程度上，你有很多信息被记录并存储在网上的很多地方，只要有你的社会安全号码或信用卡信息，任何营销人员、黑客、政治操盘手或政府机构就可以了解到你的大量信息（甚至你的姓名和地址）。以为 cookie 本身没有你的名字或可以删除，把个人隐私寄托在这样一种事实上，这是于事无补、也很难得到保证的。如果无论你在哪里，他们都能找到你，他们能让你遇到他们想要你遇到的一切，你又能真正拥有多少隐私呢？你的一举一动就像在机场通过安检的扫描仪一样。

在某种程度上，之所以一直存在这种对隐私丧失的自欺和否认，是因为一种毫无理由的信任，以为如果个人身份信息是保密的，我们的隐私就能得到保证。当然，像这样的个人身份信息，你的社会安全号码、银行账号、信用卡号和密码，是最高隐私。就像皇冠上的宝石被守护在伦敦塔一样，你的个人身份信息也值得仔细保护。

问题是，随着技术的迅速进步，数据偷盗者可以获取更具体的相关信息，包括邮政编码、性别和家庭收入及由这些容易获取的现有数据形成的各种组合。为了将其与个人身份信息区别开来，让我们用英国创业家约翰·泰森姆（John Taysom）的系统命名法，称之为“可识别个人信息”（IPI）。这些信息可以像个人身份信息一样明确有效地对你进行识别。如果某一广告主可以准确地知道你的工作薪酬、信用指数、节育措施、邮政编码、性别、病历，[6]你是否曾经被捕或怀孕，[7]那么即使他们不知道你的名字或社会安全号码，他们也已经达到可以对你进行精准识别的地步了。这时你的隐私又意味着什么呢？

但我们不妨假设，你一直很警惕，不断把浏览器 cookie 从电脑上清除出去。此外，我们也不妨假设你是个电脑奇才，甚至自己开发了一个程序，只要浏览器 cookie 植入你的电脑，这个程序就会自动删除它。（你自鸣得意地考虑叫这个程序“cookie 粉碎机”或“cookie 怪兽”。心里想着，是否可以在应用商店销售这个应用程序，大赚一笔。谁能想到你会是这样一个创业者呢？但你打算如何锁定潜在客户呢？）这足以保护你的隐私吗？不。

这是因为还有侵犯隐私的其他更顽固的 cookie。在侵犯我们隐私方面，浏览器 cookie 只是最常见但威胁最小的一类 cookie。还有其他的 cookie，例如，超级 cookie、动画 cookie 或本地共享对象（LSOs），它们异常顽固，几乎是擦不掉的。浏览器 cookie 与动画 cookie 相比，就相当于保险销售人员的短暂访问与似乎无止境地拜访牙医相比较。

摆脱动画 cookie 到底有多难？你需要麻省理工学院的计算机科学学位。这种 cookie 可以而且有时确实可以提供合法的功能，例如，把电脑视频的声道设置为静音或非静音。所以就算它们是你不能从电脑中驱逐的非法占据者（squatters），也是有好处的。它们的存在可确保在必要时能提供这些功能。这是它们得以继续存在的有利理由。但是没有什么能阻止狡猾的黑客或营销人员非法使用或操纵这种动画 cookie。在这些情况下，无法去除这些 cookie，就令人近乎厌恶了。

我们不妨假设，你的 cookie 删除程序甚至可以帮电脑摆脱动画 cookie（也许你应该把这一应用程序称为“cookie 灭绝器”）。不幸的是，你的隐私还是得不到安全保障。

电脑有些自身的信息，被称为用户代理字符串（user agent string）。所有电脑都有特定的硬件和软件，还有非常具体和个性化的历史记录，记录这些电脑进行了哪些修改和更新，包括已安装的插件、正在运行什么浏览器以及电脑可以解释什么样的编码。用户代理字符串用数字编码序列表示电脑的组件、软件和其他功能属性。

用户代理字符串可以像特洛伊木马一样运行。它可以用来跟踪你。它是这样运作的：通过结合电脑的 IP 地址（并不一定是完全或长久独特的，不管怎样，IP 地址能把范围缩小到你和设备之间，或非常接近你），用户代理字符串可以用作设备的签名。

此外，动画 cookie 与用户代理字符串的组合也是删除不了的。不使用 cookie 进行跟踪的其他类似方法有设备指纹识别、机器指纹识别或浏览器指纹识别。全部都是用户代理字符串的变种。这些方法虽然都有缺陷，但都能对你进行不怀好意的追踪。所以，即使你能完全根除 cookie，也不能保护你不被跟踪。

不幸的是，还有很多其他的威胁。有被称为间谍软件的程序，会诱骗你在不知不觉中，就安装麻烦不断的软件到电脑上。你签署的好几页许可协议中藏有一个小字体的条款，授权间谍软件供应商安装工具栏（toolbar）到你的电脑上。这会使供应商不停地向你输送弹出广告，这些广告几乎是不可能阻止或删除的。现在间谍软件供应商为广告主做这些广告，并获得报酬。打个比方，它们就像闯进来大声招徕顾客的人，抓住你的衣领，朝你咆哮。突然间，你无意中就变成了广告拍摄画廊中移动的目标鸭子（moving-target duck）。间谍软件通过操纵你的电脑给间谍软件运营商带来利润，也使你在这个过程中变成一个不知情的傀儡。

11.2　再识别

在前面，我们对个人身份信息（PII）和可识别个人信息（IPI）进行了区分。PII 是固定且更有价值的。这些信息一经披露，就能把你完全确定下来，而且是最无法挽回的（most irremediably）。因此，PII 通常会得到最严密的保护。

相比之下，有很多信息是 IPI，可谓铺天盖地，其中很多似乎是随机和无害的。我们往往认为其没有多大价值（从隐私保护的角度考虑）。大部分这类数据在公共领域出现。

我们已经看到，PII 并不是隐私受到侵犯的唯一途径。把充分的 IPI 整合到一起，也可以同样准确地把你“识别”出来。只要与其他带有你个人身份特征的相关和有用信息结合起来，几乎任何信息都可以用来对身份进行有效识别。从隐私保护的角度来看，PII 和 IPI 之间的区别几乎不存在了。现在，随着你越来越多的信息被披露出来，或可以被搜索到，也随着技术（如算法、搜索能力、数据库存储）的进步，IPI 就可以对身份进行明确有效的识别。那些过去不能用来识别的信息，现在已经可以了，或很快就可以了。

这创建了再识别这一新的技术。这一技术使隐私受到侵犯，都不需要 cookie、实时跟踪或用户代理字符串了。再识别技术是通过演绎的方法进行识别的。在某些情况下，可以使用随处可见的最普通的 IPI，不需要福尔摩斯就能进行识别。再识别技术的发展，促进了对个人身份的广泛识别，甚至不需要披露个人的 PII。不幸的是，我们在周围留下了太多泄露身份的线索。

例如，在 20 世纪 90 年代中期，美国集团保险委员会（GIC）为马萨诸塞州的政府雇员购买了健康保险。委员会发布了州政府雇员的医疗记录数据库，包括每次就诊记录情况。据说，数据进行了“匿名化”处理，清除了 PII。在数据发布的时候，州长威廉·韦尔德（William Weld）向公众保证，披露该数据库，会保护患者隐私，因为删除了所有的身份信息。

有位名叫拉坦娅·斯威尼（Latanya Sweeney）的研究生决定试一试，看看她能否使用这一数据库识别政府雇员，并将他们与医疗记录进行匹配。她首先选择了韦尔德州长作为识别目标。

斯威尼知道州长生活在剑桥，这是个有 54 000 人口的地方。斯威尼花 20 美元买了一个数据库，其中有城市选民的名册。这一名册提供了该市投票人的姓名、地址、邮政编码、出生日期和性别。利用这些数据以及 GIC 的记录，她轻易就确定了韦尔德州长：名册上只有 6 个人和他的生日一样，只有 3 个是男人，而只有州长居住在正确的邮编地区内。于是，斯威尼寄了一份健康记录到州长办公室，包括诊断和处方，让他知道其对隐私的保证是靠不住的。[8]

2000 年，斯威尼当时是卡内基 – 梅隆大学（Carnegie Mellon University）的教授。她使用从 1990 年人口普查中获取的公开数据证明，只要使用三方面的信息：邮政编码、出生日期和性别，就可以对 87% 的美国人进行明确识别。[9] 所有这些数据都可以在数据库中广泛获取。在进行识别时，斯威尼使用了如邮政编码、出生日期和性别等数据。我们大多数人都会认为，这些数据即使不是个人身份信息，也至少与我们的身份有关。

其他研究也已表明，甚至连这种与身份相关的数据也都不需要了。我们可通过似乎不那么私人的普通数据进行识别。例如，2006 年 10 月，奈飞（Netflix）发布了一个数据库，其中包含 1 亿条记录，披露了在 1999 年 12 月到 2005 年 12 月期间，近 50 万名客户对电影的评级。在每个实例中，奈飞引用了电影的名字、评级（1 ～ 5 颗星）以及评级时间。在发布数据库之前，奈飞删除了所有 PII（但他给每个客户设置了索引号）。数据库发布后，得克萨斯大学（University of Texas）研究人员的一项研究表明，只需要使用奈飞客户对3部电影的评级，就可以准确地识别出80%以上的奈飞客户。[10]研究人员阿温德·纳拉亚南（Arvind Narayanan）和维塔利·施玛蒂科夫（Vitaly Shmatikov）使用的是电影评级，几乎没有人会认为这是PII。此外，他们发现，如果他们知道某一客户在什么时候对6部电影进行了评级（误差幅度在两周内），无论是哪一部电影，他们都可以以99%的概率正确识别出这个人。如果只知道两部电影的评级时间，正确识别率就会超过2/3（68%）。[11]

应该如何理解这种再识别技术的能力？首先，需要纠正我们的假设，以为只要守住几个高价值的核心身份信息（我们的PII），我们就能完好地保护隐私了。显然，这不是事实。科罗拉多大学法学院（University of Colorado Law School）教授保罗·欧姆（Paul Ohm）撰文阐述：

> **再识别技术扰乱了隐私政策环境，破坏了我们对匿名所寄予的信任。这一信任并非无关紧要，因为技术人员正是凭借这一信任来证明无差别数据共享和永久数据存储的合理性，同时向用户（和世界）承诺他们会保护隐私。而再识别技术的进步则说明，这些承诺是很不靠谱的。**[12]

运用再识别技术可做各种令人震惊的目标身份识别。由此可见，对匿名的信任是非常离谱的。正如边沁可能会说的那样：这是“夸夸其谈的谬论”(nonsense upon stilts)。

这几个侵犯隐私的技术例子，从 cookie 到看似无害而短暂的电影评级等，不胜枚举，并不局限于网络广告。我当然可以举出许多其他的例子。这足以说明，要对你进行跟踪和识别，总是有方法的。卑劣的极客可以利用技术侵犯你的隐私，而你对此可能也无能为力。只要有人想要你的信息，他们就可以得到。

这并不意味着你已经或即将失去隐私。但无论你的隐私曾经是什么情况，它现在就像是埋在巨大纸盒里的一张纸巾。你的匿名也同样是这么单薄脆弱的。你可能会安全一段时间，但在有人需要与你对应的那张纸巾时，无须多少努力就可以得到它，然后就任由他人处置了。

大多数数据隐私法律试图通过限制获取 PII 来阻止隐私侵犯。我们已经看到了这种阻止效果有限。针对采取措施制定法规来更好地保护隐私，纳特·安德森（Nate Anderson）写道，“这会增加隐私或减少数据的效用，但与此同时，并没有办法保证最大化效用和最大化隐私。”[13]

在欧洲，欧盟数据保护指令（官方第 95/46/EC 号指令针对个人数据处理和此类数据自由流动时的个人保护）要求互联网服务提供商（ISP）和出版商为潜在用户提供进入或不进入的选择权，并明确规定用户选择性加入时必须同意的事项。根据该指令颁布的法规还确定，对未经用户事先授权而获取和使用数据的行为进行刑事处罚。

在欧洲，规定了侵犯隐私是犯罪的，侵犯者在得到你的私人信息之前可能会被抓住，即使给人们提供了更努力保护自己的选择权，侵犯隐私也还是会发生的。正如莎士比亚在《尤利乌斯·凯撒》(Julius Caesar) 中所写的那样："错并不在于我们的命运，而在于我们自己。"为什么？

互联网鼓励并推动了对隐私的大规模披露，这是其他任何媒体都望尘莫及的。撇开技术不谈，在各种情况下，并非都是在线的时候，你会自动披露数据。我们不妨列举一些你透露可识别的个人信息的情况：

→ 当你为了参加抽奖活动注册某一网站时
→ 当你寻求产品的技术支持时
→ 当你对在线阅读的文章进行评论时
→ 当你托运刚刚购买的商品时
→ 当你订阅在线出版物时
→ 当你在零售商店或在线买东西并使用积分卡或其信息时
→ 当你在加油站使用信用卡进行交易时
→ 当你注册或使用社交应用程序或网站（如脸谱或推特）选择数据共享时
→ 当你被手机或其他有全球定位系统的设备上的定位数据跟踪时
→ 当你用谷歌进行搜索时

这些只是几个例子而已，说明你在使用数字媒体的各种活动时是如何散落下 IPI 的痕迹的。我们都会这样做。这基本上是波及全世界的自我表达的洪流，但这大幅削弱了威慑、遏制或警戒的效果，我们中很少有人能与之抗衡。当无数的人每天都在频频告诉其 500 个最密切（？）的朋友有关新买运动鞋的事情，怎么会有能有效处理不受保护的众多细小信息所构成的汹涌而来的洪流的对策？

在很大程度上，这种对我们隐私的颠覆实际上恰恰是互联网的优点所带来的缺陷。我们放弃了这么多隐私，是因为互联网提供了这么多我们想要的好处，我们已经逐渐依赖互联网了。再没有其他媒体有这么强的互动性，能让我们为自己找到这么多东西。虽然电视节目痴迷于收视率并试图吸引观众，但没有哪个电视节目，能对观众的实际态度进行精确评价，因为用户的自愿浏览行为揭示了其实际态度。

为了使用互联网满足我们的需要，我们一再放弃隐私，因为我们对互联网的需要比对隐私的需要更强烈。双击公司的创始人和前首席执行官凯文・奥康纳（Kevin O’Connor）回顾了一项研究报告。该研究报告指出，为了获得免费送货，消费者会提供自己的社会保障号码。“那就意味着他们的社会保障号码（对他们而言）大概值 6 美元。”奥康纳如是说。

为了现实利益，我们一再牺牲隐私。然而，隐私这种东西的本质是，只有在失去之后，才能体会到，并感到后悔。与此同时，我们也得到了一些更迫切需要的东西。这不一定是件坏事，不是吗？不，不一定。这取决于交易的好坏程度。在进行交易时，我们应该进行权衡考虑，而不是到交易之后再来考虑，这时候就已经太晚了，结果无法改变了。6 美元值不值？

假设我们生活在一个不用无记名投票的民主国家里。假设不是共和国，就像我们现在生活的美国。我们选出代表，在立法会上代表我们对法律草案进行投票。相反，选民一直对政治问题进行投票，也许是每天，也许更频繁。每一天或更多时候都会举行所有公民投票。这是非常公众化的纯粹民主。但这种体系也会造成类似于政治上累积很多细微伤害所导致的致命结果。我们的投票记录会被编辑起来，每个人都可以知道其他每个人，特别是他们的邻居，在每个问题上的投票情况。每个人都会成为自己的国会议员，总是随见随到。你觉得这种体系怎么样？

对互联网和在线跟踪而言，我们相当于参与了类似的商业体系，只不过在商业体系中，我们的投票是分配注意力。在这种情况下，别人对我们的浏览行为和其他数据进行编辑。此外，我们的投票次数超过对政治问题的投票。在政治投票中，我们对公投及法律草案进行投票。但在互联网上，我们通过自己的浏览和关注进行访问和投票。我们关注的事情比政治问题多得多。去哪里度假？买什么？我们为自己做的研究、我们考虑服用的药物、我们下载的音乐、我们观看的视频、我们在脸谱和其他社交媒体上所有的社会互动。

我们认为自己是在秘密投票。其实不是。在公民投票的例子里，邻居可以知道我们的投票；在网上，别人确实很清楚我们的行为。这才是秘密所在。而我们对此并不是很清楚。你会不会开始更关注，在没有考虑成熟的情况下，就把自己的数据公布出去了？鉴于我们有并希望自己有大量的互动，我们不可能每次都能保持足够的警觉拒绝进入。我们很快就会对必要的警觉性感到厌倦。全球每时每刻都有海量的互动。从这个角度来看，再加上我们现在从中得到的好处，因此，即使我们十分清楚自己放弃了什么及他人利用我们的数据做什么，在管理数据传输时，谁又能够以自己希望的方式保护好隐私呢？

11.3　货币化会带来报复吗

假设我们无法在数据传输管理中保护自己的隐私，我们也许可以将其货币化。对我们来说，这种方式至少会更好一些。如果人们更了解情况，他们对自己不假思索参与的交易就会更加务实，那会怎么样呢。这一交易一直很顺利，直到有人建议有偿交易，这要花不少钱呢。我们的隐私已货币化了，只不过还没有给予我们充分的报酬。互联网好比是购买我们隐私的一元店。如果大量的人要求他们的隐私得到更好的补偿，那会如何？

人们觉得自己付出的关注和放弃的数据得到了充分的补偿。人们一直认为补偿是充分的，因为他们还没有意识到自己默许放弃的数据的数量及其贬值程度。如果人们要求对使用他们的数据进行补偿，包括个人身份信息及其他信息，那会怎么样？请想象一下这样的场景：互联网用户集体要求出版商、营销人员和广告代理商："你们将我的行为货币化了，付钱给我。"

当然，这听起来似乎还很遥远。如果少数极端主义者提倡这种补偿，谁会在意呢？但如果这是数百万名原告提出的集体诉讼的理由呢？甚至在诉讼出现在法官前，因为有这么多的原告，想要与其中一些人而不是另一些人达成协议，或告诉他们："好吧，我们不会使用你的数据或锁定你了。"这几乎是不可能的。这听起来像个有说服力的解决办法吗？如果原告的人数更多，他们期望获得的回报也更高，那这就不是个有说服力的办法。突然之间，有些事情看起来比政府管制还更糟糕。

当然这是个极坏的情况，不太可能发生。（我们将在下一节讨论法律救济办法。）但如果这些造成钟形曲线最大隆起的人，对他们隐私的补偿越来越务实，在政治上也越来越活跃，那会怎么样？他们可能会问："如果你获取我的数据，对其进行操作或是从中赚钱，我能得到什么？"无论可能与否，这并不是很难想象的情况。如果这一活动涉及的人数足够多，政府实际上可能会制定法律，在人们访问某个网站时，如果要求他们观看侵入式广告或放弃自己的隐私，就必须付款。

11.4 法律救济

随着公众越来越意识到自己对隐私侵犯所作出的让步，已经有一系列针对隐私侵犯的集体诉讼。但这些法律追索并没有得到很好的解决。在许多情况下，特别是在硅谷附近的司法管辖区，甚至在他们提出理由之前，法庭就不予受理了，因为原告无法证明他们真的受到了伤害，至少无法让法官理解这种伤害。

在诉讼中，有一个概念叫作起诉资格（standing）。除非你有资格起诉，否则法庭根本不会关注你。要获得资格，你必须能够令人信服地表明你受到了某种伤害，而这一伤害是由被告（被起诉的人或企业）所致 。

那么，隐私原告的问题是什么？在法官审理的案件里，常常会有人证明自己因为欺诈或由于医疗错误被切错了手臂或腿而遭受了巨大的损失。因为法官常常听到这些有说服力的伤害证据，所以对隐私被侵犯的原告提出的索赔不太能接受，这不足为奇。由于这种索赔可能会让法官觉得有点儿离奇，所以案件就会被驳回。

“诉讼确实可以归结为一个对新生事物感到担忧的因素。”脸谱副总法律顾问阿什莉·贝林格（Ashlie Beringer）说。在加入脸谱之前，贝林格在隐私集体诉讼中为高科技公司，如苹果、Specific Media 和 Yelp 等辩护过，成功地使一些案件被法院驳回。她说：“诉讼资格是个很大的热点问题。新的跟踪技术和新的广告模式实际上在多大程度上导致了法律上说得通的充分伤害？”

然而，2012 年，第一美国金融公司（First American Fina-7ncial Corp）诉爱德华兹的案件到达了美国最高法院（Supreme Court）。由于美国最高法院维持了下级法院的判决，这可能会使下级法院的法官不太愿意驳回隐私权诉讼。

第一美国金融公司的案子根本没有关注隐私问题。这个案子是关于房地产金融服务业的回扣和勾结问题的，但它确实对诉讼资格这一问题产生了影响。随着这个案子在一个又一个法庭中开审，被控违法的银行，也就是被告（第一美国金融公司），开始获得了高科技企业，如脸谱、领英、雅虎！、辛加（Zynga）以及益博睿（Experian）和消费者数据行业协会（Consumer Data Industry Association）的支持。为什么这些技术大腕这么感兴趣？

爱德华兹提起的这一诉讼中的一个关键诉求是，如果能证明违反了法律明确授权的一些保护或权利的话，在司法上就足以获得诉讼资格了，不管是否能够证明造成了任何财务或其他方面的伤害。只要某个人的法律权利受到侵犯是事实，就足以获得诉讼资格。当然，如果这一原则被法院认可，那么就可以提起无数侵犯隐私的诉讼，而不太可能或容易因为诉讼资格不够，在审判前就被驳回了。

这个案子在旧金山（San Francisco）第九巡回上诉法院（Ninth Circuit Court of Appeals）进行辩护时，上诉法院发现[14]“国会有权力通过定义法律权利和伤害来确定诉讼资格。”[15]这就确定了爱德华兹有诉讼的资格。

2011年，此案上诉到了最高法院。最高法院同意审理此案，而且确实也是这么做的。然而，2012年6月28日，最高法院推翻了自己原先的决定，说原先接受这个案子是错误的，因此没有进行判决。这使得该案子维持了上诉法院的决定，也就是原告爱德华兹赢了。这也使得隐私诉讼不太可能被立即驳回。

第一美国金融公司案子的结果可能是一个转折点，有利于隐私诉讼中的原告。这将取决于下级法院的法官是否始终坚持这一原则。但即使始终坚持这一原则，也只意味着原告现在可以起诉了，至少知道他们的案件可以得到受理。然而，这还远远不能保证他们的胜利。眼下问题还继续存在：通过诉讼侵犯隐私进行追索有用吗？

在法律上有一句古老的谚语：权利取决于救济。如果法律并不能使你免受某些损失，即使你在法庭上取得胜利，那么首先你的权利又有多大呢？

第一美国金融公司的案件一波三折。在很多诉讼中，都会发生这样的情况。时间浪费了，费用也很高，结果要到最后一分钟才知道，判决可能会对你不利。在你看来，诉讼的原因可能是完全合理的，但律师可能会把事情搞砸。

撇开诉讼的变幻莫测，我们再来考虑一下诉讼的功效。假设你就隐私问题提起诉讼，虽然在法庭上案子取得了缓慢的进展，但你失去的隐私得到了满意的修复或恢复吗？这可能比案件的结果更令人怀疑。法律追索的高风险是，这种追索可能是徒劳无益的。

此外，这种要求收回隐私的案件，其有效性很低，这不能只归咎于冷漠的法官。作为自己隐私的监护人，我们的行为会产生什么影响？哈佛法学院教授诺亚·费尔德曼（Noah Feldman）这样写道：

这就好像每次你坐巴士都会听到一些你能想象到的

最亲密的交谈，可能是一个陌生人对着耳边的手机发出的。（最高法院的）法官们不能不受这些（技术使用）趋势的影响。宪法所定义的隐私权是对什么是隐私的“合理期望”……隐私的概念本质上是灵活的，我们对它越不看重，司法机构对我们的隐私的保护就越少。[16]

11.5 不跟踪倡议

在前面，我列出了我们许多人从互联网使用中获取的一系列好处。这个单子还可以长得多。互联网可以为我们提供大量的免费公共服务。我们不需要订阅互联网服务。这不像有线电视服务。我们获得的大部分有用内容都是免费的。我们利用谷歌或其他搜索引擎进行免费搜索。我们免费使用旅游网站的信息对自己的旅程进行规划和预订。我们都知道自己不愿失去互联网提供的便利和愉悦。默认的交换条件是我们必须忍受广告轰炸。

然而，要忍受伦敦腔的壁虎或鸭子对着我们嘎嘎叫是一回事，而默许广告技术企业、数据企业、广告主及其代理机构、在线广告交易平台收集我们在线上或线下行为的所有细节资料，则又是另一回事。企业应该有从事合法商业活动的自由，但对我们进行没完没了的侵扰，显然不是它们进行商业活动的权利，不是吗？

这种观念态度给不追踪（DNT）倡议提供了新的动力。微软已经宣布，其最新版本的IE浏览器（Internet Explorer）

会将 DNT 选项作为默认选预。用户要关闭 DNT 会费些事。

但不追踪倡议引发了一些其他问题。不追踪倡议的可行性如何？不追踪倡议难道不会让许多合法企业破产吗？企业应该自我约束还是由一些外部或政府机构管制？几乎可以确定的是，不管如何执行这些规则，总有一些企业会违反的。那么到底如何执行这些规则呢？对这些不服从规则的企业应该处以什么惩罚？

不追踪倡议听起来很好，是因为看起来很像“请勿致电推销”（do-not-call）方案，令人欣慰。该方案一直用于减少推销电话。然而，不追踪倡议与“请勿致电推销”在其他方面存在差异。

打推销电话是电话推销人员打扰我们的唯一方法。但在很多情况下，我们主动通过各种方式把数据转移到互联网上。当我们在网站上注册参加抽奖活动，或是作为产品的新用户进行注册时，为了获得技术支持或是云存储服务（cloud storage services）进行注册时，或是在网购时，以及进行其他的众多交互活动时，我们放弃了自身的信息。我们在使用各种不同的设备——电脑、智能手机、平板电脑、电视机顶盒或零售店或网上的销售点终端机时，都披露了信息。在这些场合中，我们不断重复地泄露可识别个人信息，因为各种原因，人们越来越怀疑会产生一个“神奇的隐私按钮”（magic privacy button）[17]。数据管理平台 Lotame 的首席运营官和总裁亚当·雷曼（Adam Lehman）说：“在一些特定区域，不跟踪工具会限制数据活动……但这些工具并不是用来（很有可能永远也无法构建这种工具）规范消费者和企业间全方位的数据关系的。”[18]

正如我在前面所说的那样，必须给欧盟（European Union）用户提供选项，让用户在首次利用出版商网站的内容之前，可以思考是否选择进入。但就一些隐私披露来说，尽管（或许是因为）大多数人并没有仔细阅读这些冗长的预告性小字，这种选择性加入的要求，让每个人必须在当前的利益满足和后来的假设而隐蔽的权利损失之间做出选择。在每天早上吃早餐的时候，阅读伦敦《金融时报》（*Financial Times*），作为回报，给予《金融时报》分析自己的数据的权利，很少会有人放弃这一选择。作为一个实际的问题，人类的本性，使我们难以为了未来模糊的保护性利益，而放弃现在就想要得到的东西。只有真正偏执的律师型的人，才会仔细考虑这些选择性加入条款。

2014 年 5 月 1 日，奥巴马总统的科技顾问委员会（PCAST）给总统呈交了一份报告。报告承认，想以这种“通知和同意”或“选择性加入”程序来保护我们的隐私，是不公平的，也是失败的。这份给总统的报告这样陈述：

> **通知和同意是当今使用最广泛的保护消费者隐私的策略……在一些想象中，用户确实读了这些通知，也理解了其法律含义……然后才点击表示他们同意。但现实是不同的。**
>
> **通知和同意从根本上把保护隐私的责任放在了个人**

> **身上——这与通常意义上的“权利”完全相反。更糟糕的是，如果隐私权被隐藏在这样的通知中——内容提供商有权共享个人数据，但用户通常不会得到下一个企业的任何通知，更不用说有选择同意的机会，即使对数据的使用可能是不同的。此外，如果提供商把隐私通知改得更糟，通常就无法以有用的方式通知用户了。**
>
> **作为有用的政策工具，对个人来说，通知和同意……太复杂，因而无法在每种情境下，或使用每种应用程序时，做出缜密精细的选择。**
>
> **通知和同意的一个问题是，它给供应商和用户之间隐性的隐私谈判创建了一个不公平的环境条件。供应商提供了一系列复杂的条款——要就要，不要就拉倒，并受到了法律的支持。而在现实中，用户必须同意才能完成这场自己希望达成的交易，而且这些条款通常很难理解，因此他们只会花几秒钟的时间进行思考，对这些条款进行评估。这也是一种市场失灵。**[19]

这里的问题不在于技术本身。在我们有需求时，常常能提供非常多的解决方案，即使偶尔被用于不好或有异议的目的。但我们的技术存在于更广泛的文化领域之中，如果提到隐私的话，我们的文化是一种放弃文化。我们的文化倾向就是披露 IPI，而这就是我们应该深入反省的地方，至少要像对我们所指责的技术工具或企业那样进行仔细反思。

11.6 约翰·泰桑的“三人成群”

在隐私方面的很多新闻报道中，虽然都引用了忧虑的倡导者对隐私损失的谴责，但除了呼吁操作性约束，如不追踪的条款，很少有人提出可行的建设性建议来解决这个问题。

与此同时，英国媒体高管和风险投资者约翰·泰桑（John Taysom）已经开发出一种新颖的方法来强化我们不断受到侵蚀的个人隐私。这一倡议明显不同于其他建议，却比较可行，不需要政府监督或更烦琐的管制。欧盟授予泰桑隐私保护技术专利。最近，美国专利局通知他，同意他的专利申请。泰桑会见了白宫（White House）和美国商务部（U.S. Department of Commerce）的科技政策制定者。他们对泰桑不需要政府监管的隐私保护方案很感兴趣。2012 年 7 月 16 日，泰桑收到通知，他在欧洲申请的专利已获批准。在唐宁街（Downing Street）10 号，他会晤了英国首相戴维·卡梅伦（David Cameron）的一位重要技术和创业顾问。

早在 1995 年，前路透社（Reuters）高级执行官泰桑就与相关人士对在雅虎网页上投放广告的规则进行了协商。雅虎网页刊登路透社的新闻。后来，作为温室基金（Greenhouse Fund）创始人兼首席执行官（温室基金是一个属于路透社的硅谷风险投资公司），泰桑愈加清楚隐私对他准备投资的技术企业的意义。在泰桑的领导下，温室基金非常成功。

泰桑的“三人成群”计划是重新恢复（reclaim）和保护我们不很明确的可识别的个人信息的一种方式。在某些方面，这一计划有点类似通过超级基金（the Superfund-financed）的资助修复有毒的废料场。

2012年，泰桑参与了哈佛的高级领导力计划（Harvard's Advanced Leadership Initiative, ALI）。他报告了自己提议的这一隐私方案。这给哈佛大学首席技术官和隐私问题的权威人物吉姆·瓦尔多博士（Dr. Jim Waldo）留下了深刻印象。瓦尔多在哈佛教授跨学科的隐私课程。

在解释为什么会让泰桑加入高级领导力计划时，其招生委员会负责人罗莎贝斯·莫斯·坎特教授（Rosabeth Moss Kanter）说："约翰·泰桑非常有想象力，并常常以一种反直觉的方式思考。我们选择约翰是因为他有发现趋势的眼光，在技术创业或促进技术创业的发展方面取得了成功，并且具有网络工作者的高超技能，能把不同组织的人整合到一起。"

泰桑的方案有三个主要特点。第一是以冗余方式保护的个人信息在线存储库。第二是由一个非营利性的非政府机构管理这一方案。在某些方面，这种机构与英国所谓的社区公益公司（Community Interest Companies）相似。社区公益公司是为给社区而非私人股东带来收益而设计的。我们也可以把这种机构比作负责管理互联网名称与数据的分配机构（ICANN）。它与美国保险商实验所（Underwriters Laboratories, UL）也很类似。UL是一个非营利的独立产品安全测试和认证组织。

第三点也很重要，这一方案与广告主分享有用的信息，但把个人隐藏在类似的人群中。有的信息能够追溯到某个特定的人，在传播这种信息之前，这一方案会把信息组合成由相似的人集中在一起的实时“人群”，由很大规模的人所组成，所以能够阻止任何人或企业利用这些信息来发现群里个人的身份。

这是一种运用算法进行隐藏的方法，可以在很大概率上阻止对个人或其设备的 IP 地址进行追溯。你和你的身份能够保密，是因为你被难以察觉地合并到那些和你相似的人组成的群体中去了。你不经意披露的信息与那些人相似，所以，你就像一袋钉子中的一根钉子。

泰桑和他的合作伙伴——英国剑桥大学（University of Cambridge）科学与政策中心（Centre for Science and Policy）的创始人，英国移动通信和安全专家戴维·克利夫利（David Cleevely）博士，已经为这一工作方法和算法申请专利。

“泰桑方案产生的这一数据库的建设是简单可行的。”哈佛的瓦尔多说，“虽然数据匿名是新的，但我认为可行性很高。我没看到什么技术上的困难会使之无法实现。”

实际上，这种方法恢复了信息的私密性，但仍可为广告主提供群体特征信息，使整个群体成员都值得成为广告对象。营销人员可以向一群有可能做出回应的观众呈现广告，却不可能知道广告观众的 IP 地址或身份。

“这种方法的一个关键点是认识到，对广告主来说，个人的价值是与别人共有的特征属性，而不是那些使之与别人区别开来的特质。”泰桑如是说。

因为这种洞察力，泰桑建议的方案是第一个既满足了个人对隐私保护的需求，又满足了广告主对受众进行锁定的需求的方案。

除了技术行业、硅谷和哈佛的小范围人群，泰桑并不为人所知。但随着专利的授予和最近与美国和英国政府的政策制定者的会面，他倡议的方案将会日益普及流行。

为什么泰桑提出的方案值得思考？这有很多原因。他对隐私问题的想法与众不同。他不只是在管制还是不管制的争论或选择加入还是退出的冲突中，选择一方来加以支持。他的方案不需要扩大政府管制，也不需要政府监督或助长官僚机制。他充满想象力地创建了崭新的机制和解决方案。他敢于为公众利益着想，值得赞赏。他看待隐私问题的视野比评论家更开阔。最后，他凭借一己之力构建了解决方案，承诺所有各方都能从中受益。这改变了现有的零和游戏（zero-sum game），也就是广告主可以畅通无阻地进行销售，而你只是他们追踪和控制的眼球而已。

“泰桑的方案是让人们自主进行隐私决策，”瓦尔多说，“到现在为止，都是由政府、企业或马克·扎克伯格这类人来决定人们的隐私问题的。约翰的方法让人们自己来决定个人信息的公开程度。这是个不常听到但应听到的方案。”

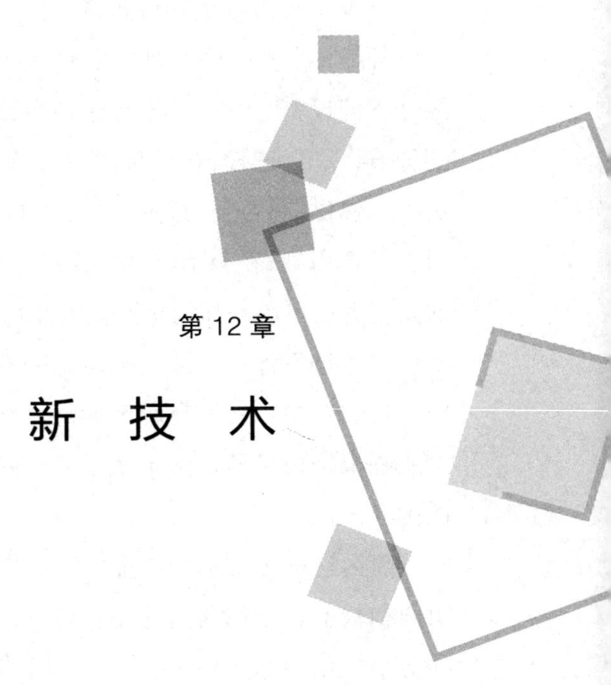

第 12 章

新 技 术

我们讨论过的所有技术都有个共同点：开发这些技术的目的是为了与可寻址的设备进行互动。这些技术锁定的每一个设备都有个网际协议地址（IP 地址）。这一地址使技术能够区分不同设备，评估对设想中使用该设备的人做广告所产生的价值，进行连接，也使技术能让该设备介入瞬间完成的拍卖中，提供广告或传递搜索结果和广告（广告主为相关搜索词支付费用）。在第 10 章中，我们对数据的讨论是根据设备的使用者在以前是如何进行浏览和反应的，对特定 IP 地址的相关优势进行评估，从而确定是否及何时向这一地址投放广告。我们对隐私的所有顾虑就是这么产生的，因为现在广告主能够根据设备地址锁定某个人，并为这个人发送精准的个性化广告。

因为这种可寻址的特征，数字广告提供了以前所未有的明确和精准进行沟通的能力。当然，上门的推销人员能以一种更个性化的方式展示产品。这是当面推销。但这种人员推销在销售对象方面常常没有什么选择性。上门推销人员的下一个客户通常就是刚好住在他拜访的上一个客户隔壁的人。就锁定用户而言，这就有点像掷骰子那样随机了。

网络广告能以更高的准确度确定人口统计特征和锁定行为，把精准锁定和快速投放整合起来，甚至连直邮营销都做不到这一点。通过使用数字技术，我们现在可以了解在紧闭的门后使用上网设备的人的购物习惯和兴趣，而上门推销人员只有住在里面的人开门请他进入，互相熟悉后才能知道。今天我们能知道这些用户的大量习惯，都是基于他们浏览的网页和他们点击的链接或广告而得到的，而不需要与他们见面。

对一些人来说，这似乎是在利用他们独特却有漏洞的设备来阴险地侵犯隐私和劫持注意力。但从长远来看，这也意味着他们会较少受到那些根本不感兴趣的产品广告的滋扰了。如果浪费大量金钱给错误的人群投放广告，商业就不会如此繁荣了，无论这些广告有多么便宜和高效。

这一好处比刚出现时要大得多，因为把广告呈现给消费者的方式已越来越多样化了。在网络广告的大部分发展阶段中，我们都设想用户坐在家里或办公室的电脑前。但随着便携式设备的数量和种类的激增及其性能的提高，把用户看成是坐在接上电源插座的电脑前的模式，几乎已经和上门销售一样陈旧了。我们几乎可以在全世界各地使用联网设备，可寻址性显得前所未有的重要。像无人驾驶的无人机一样，广告也是根据行为定向系统的引导来传播的。

正如搜索结果和内容那样，广告可以无处不在。在2012年宣布数字广告收入创下新高时，美国互动广告局的首席执行官兰德尔·罗滕伯格（Randall Rothenberg）承认了这一现象。他写道："营销人员开始意识到通过多种屏幕有效接触当前消费者的作用，这些打破纪录的数字意味着模式的转变。"[1]

"多种屏幕"这一短语说明了如移动通信、平板电脑、用HTML5开发的应用程序以及可寻址电视等新技术的多样性和影响力。本书的最后一章将简述每一项新技术为什么会那么独特有趣，并探索新技术和新媒体频道是如何影响广告、行为和文化的。另外，对于每一项新媒体技术，我们将会看到一些企业是如何探索和利用这些技术，并使之切实可行的。

我们通常认为，新技术的应用具有颠覆性和取代性。然而，所有这些新技术都应该主要归功于互联网的数字广告服务。数字锁定技术、搜索和实时竞价广告服务为智能手机、平板电脑、手机应用程序和可寻址电视（还有流式视频）的出现、增长及其内容的多样化创造了有利的机会和条件。网络媒体及其广告支撑是培育新技术的实验室，新技术利用其能力创建了实用的商业化道路。在其他社交和商业用途方面，开发和商业化数字媒体的技术也一直在支撑着这些媒体。这是互联网和万维网所带来的一种深远影响。

12.1 移动设备雪崩

统计数据显示，普通的移动设备尤其是智能手机，犹如轰隆隆的雪崩倾泻而来。据视觉内容在线市场平台 Visual.ly 统计，全球已经有 10 亿活跃的智能手机用户了。[2] 全球第一次达到 10 亿用户大约花了 16 年的时间。据预测，3 年内全球将会有 20 亿只智能手机。

在这一日益强劲的增长态势背后有两个基本事实。第一是，你总是随身携带智能手机。这本身就比要事先安排才能使用的设备更有价值，如个人电脑，你不一定总是随身带着个人电脑，而且还需要时间开机。高地风险投资公司（Elevation Partners）的创始人兼执行董事罗杰·麦克纳米

（Roger McNamee）认为，第二是，“现在 8 岁以下的孩子可能永远不会再像你那样使用个人电脑了。对一个 8 岁的孩子来说，iPad 或是 iPhone 就是电脑。”[3] 高地风险投资公司是位于加利福尼亚门洛帕克的一家私募股权投资基金公司。

在我们使用社交媒体时，这些趋势就更加明显了。比如，脸谱大约有 10 亿用户，其中 6 亿用户通常是用手机上脸谱的。“随着越来越多手机的智能化，这将是个巨大的机会。”脸谱创始人兼首席执行官马克 · 扎克伯格如是说。[4]

据美国互动广告局（IAB）分析，移动广告激增主要有 5 个原因：[5]

1. 设备渗透率的增长
2. 更快的传输速度
3. 显示分辨率的提升
4. 广告融入移动应用程序和网站日趋完善
5. 人们转向移动设备上使用社交媒体

所有这些方面无疑促进了移动通信的发展。毫无疑问，智能手机比普通手机更受欢迎，其数量正在迅速增加。2013 年，全球智能手机与普通手机的销量曲线交叉，智能手机的销量第一次超过了普通手机（9.68 亿只智能手机，大约 8.38 亿只普通手机）。与 2012 年相比，智能手机的单位销量增长了 42.3%，获得了全球手机市场 53.6% 的份额。[6]

智能手机市场份额的增长是预料之中的，这有很多原因。智能手机越来越像仪表盘那样，可以为使用不同技术的用户提供服务。超过30%的智能手机用户自称“每天要数次”获取应用程序和移动互联网内容。[7]此外，拥有智能手机、笔记本电脑和平板电脑的用户中，有54%的人说，相比其他设备，他们更喜欢智能手机。[8]几乎所有（96%）认为自己是“智能手机内容消费者”的美国智能手机用户下载过应用程序（2012年为1.3亿个）。[9]2012年，手机用户下载的应用程序的平均数量为36个。[10]最后，在拥有电视机和智能手机或平板电脑的用户（双屏用户）中，看电视时，平均花1.7个小时使用智能手机或平板电脑的高达84%。[11]那些拥有电视、笔记本电脑、智能手机或平板电脑的用户（三屏用户）中，有64%的人会在看电视或使用个人电脑时，花1.7个小时使用智能手机或平板电脑或同时使用这两者。[12]

“随着智能手机越来越智能化，手机网络的速度越来越快，智能移动设备的用户渗透率越来越高，把个性化和本地化结合起来，对营销人员有巨大的吸引力。我们只是处于冰山的一角。”普华永道国际会计事务所的合伙人大卫·西尔弗曼（David Silverman）如是说。[13]

12.2 平板电脑海啸

苹果公司大肆宣扬“后个人电脑时代”。自从平板电脑尤其是iPad开始改变消费者行为，这就已经不再只是一句口号了。尽管2013年苹果的平板电脑业务被一大群使用安卓操作系统的平板电脑制造商抢去了部分全球市场份额，在个人平板电脑制造商中，苹果依然以36%的市场份额（7 040万台iPad）保持领先地位。[14]苹果的份额几乎是它最大竞争对手三星（19.1%的市场份额，3 740万台Galaxy平板电脑）的两倍。[15]不管是哪家企业制造的平板电脑，个人电脑身上的聚光灯正渐渐被平板电脑夺走。

截至2013年12月，拥有平板电脑的美国互联网用户的比例已达到44%，相较于2012年，大约增长了6%。[16]在2014，美国平板电脑的单位销售量预计将增长15%左右，达到8 930万台。[17]大约60%的平板电脑用户，每天都要数次使用平板电脑，平均每周的使用时长为14小时。[18]

据移动电话广告市场平台AdMob和谷歌在2011年3月发表的一份报告显示，虽然大多数平板电脑用户以前一直使用个人电脑，但现在43%的平板电脑用户使用平板电脑的时间比使用台式个人电脑的时间要多，77%的人说，他们有了平板电脑后，使用台式电脑或笔记本电脑的时间减少了。1/3的平板电脑用户，花在平板电脑上的时间，已经比看电视的时间还要多了。[19]这些数字明确说明了产品更新换代的现实。

“平板电脑是历史上最快被消费者采用的技术之一，正从根本上颠覆人们与数字世界的互动方式。”comScore公司首席营销官马克·多诺万（Mark Donovan）如是说。[20]

根据尼尔森的一项调查显示，虽然智能手机用户在从事各种活动时，例如，定位商店、检查购物清单或兑换移动优惠券时，比起平板电脑，更倾向于使用手机，而在进行网上购物（42%的平板电脑用户相对于28%的智能手机用户）或在购买之前搜索物品的相关信息（66% vs.61%）时，会更倾向于使用平板电脑。[21]

“一旦消费者使用平板电脑，他们就会从事各种习惯的媒体行为，如看电视等。大屏幕的平板电脑比小屏幕移动设备更有利于视频方面的消费。”[22] comScore 的多诺万这样说。平板电脑用户观看视频的概率是手机用户的 3 倍，大约 10% 的用户每天都在平板电脑上观看视频。[23]

2012 年，几乎所有的平板电脑用户（94% 的互联网用户，大概是 7 000 万人），都通过平板电脑来获取这些内容：读书、新闻、天气预报、视频和社交媒体等。[24] 渐渐地，平板电脑鼓励用户去选择自己的各种在线消费方式。

平板电脑用户可以根据自己的喜好，自由选择各种应用程序。平板电脑应用程序的下载量，已经从 2011 年的 2 600 万，增加到了 2012 年的 7 000 万。2012 年，96% 的平板电脑用户平均下载了 22 款应用程序。[25]

然而，这一平均数字在很大程度上受到人口统计特征趋势的影响。在美国，最如饥似渴地下载平板电脑应用程序的群体是孩子。[26]2012 年，美国人下载的平板电脑应用程序中有 45% 是 2 ～ 10 岁的小孩下载的。很明显，在美国，平板电脑的最主要用途（虽然没有被普遍承认）之一是用来安抚小孩。

虽然有 3/4 的平板电脑用户更倾向于下载免费的应用程序，[27] 但在 2012 年，相较 2011 年，美国人在应用程序上的支出几乎翻了一倍，从 14 亿美元上升到 26 亿美元。[28]

就平板电脑用户在获取和使用应用程序时偏好的商业模式，在线出版商协会（online publishers association, OPA）对美国用户进行了调查。他们为调查对象提供了以下选项：①多花一点钱使用不带广告的应用程序。②少花一点钱使用带广告的应用程序。③免费获取有广告的应用程序。超过50%的调查对象宁愿选择免费的应用程序，即使这意味着在使用应用程序时需要观看广告。[29]

为平板电脑购买内容的用户对广告的反应也更友好。[30]相比那些从未给自己的平板电脑购买过内容的用户，他们更有可能在观看平板电脑上的广告后去搜索或购买该产品。[31]2012年，平板电脑用户平均使用平板电脑购买了价值359美元的产品。[32]

据eMarketer称，2014年，美国成年人通过移动设备花在主要媒体上的时间是2010年的7倍（24分钟相对于171分钟）。[33] eMarketer的一项预测显示，2014年，美国成年人花在主要媒体上的时间中，将有23.3%的时间是通过移动设备进行的，36.5%的时间通过电视进行，而通过电视进行的时间从2010年起就开始缓慢减少了。[34]除此之外，到2014年，美国成年人使用移动设备接触主要媒体的时间（每天2个小时51分钟）预计将第一次超过使用笔记本电脑或个人电脑的时间（每天2个小时12分钟），这些数据还不包括用手机打电话的时间。[35]当我在2014年7月下旬写下这些内容时，使用移动设备接触主要媒体的时间已经超过其他设备。

所有这些网络趋势的结果显示，移动广告是美国增长最快的广告形式。它在 2013 年增长了 110%。[36] 从 2010 年开始，它的年复合增长率为 123%。[37] 移动广告已经不再是数字广告的狗尾巴了。2013 年，美国的广告销售收入为 71 亿美元，移动广告收入占了全部收入的 17%。[38] 显然，这是数字广告这一狗身上增长速度最快的部分。根据 eMarketer 的预测，到 2017 年，通过移动设备发布的广告，将占据美国数字广告总支出 64% 的份额（741 亿美元的数字广告总支出，移动设备的广告支出是 474 亿美元）。[39]

这一趋势改善了努力吸引并投资平板电脑用户的出版商的状况。例如，在 2013 年 2 月的潜入媒体（Dive Into Media）会议上，赫斯特集团杂志社的负责人戴维·卡雷（David Carey）表示，自苹果公司的迷你版 iPad 推出不到 3 个月，赫斯特的付费电子订阅量便有了显著的增长。[40] 到 2013 年 6 月，赫斯特的数字订阅量已增长了 25%，[41] 迷你版 iPad 对此产生了最大的影响。

大量的其他出版商也报道过因平板电脑读者群扩大带来的类似好处。根据出版商信息局（publishers information bureau）对 58 家杂志进行的调查结果显示，2013 年第一季度，调查对象的印刷版广告销售量，与上一年第一季度相比，几乎没有增长。[42] 他们不过是在固定的自行车上原地踏步。相反，在 iPad 上，同样杂志的销售量在同一时期则增长了 24%。[43] iPad 上的广告销售至少在开拓一些新的领域。

这 58 本杂志通过 iPad 出售的广告占所有广告单位数量的 56%，[44] 销量超过相同广告类别的印刷广告，这就是 2013

年第一季度这些杂志的广告单位销量增长的唯一原因。[45] 2013年第一季度，这些杂志广告单位销量的增长中，有7.5%归功于现有的iPad用户。[46] 考虑到iPad拥有者的阅读习惯，这些广告销量并不令人惊讶。2013年6月，iPad用户占平板电脑带来的网络流量的84%。[47]

“iPad开创了出版业全新的商业模式。”南加州大学安纳伯格新闻学院（USC Annenberg School of Journalism）教授加布里埃尔·凯恩（Gabriel Kahn）如是说，“iPad使互动更有深度，也更容易获取长篇内容。报纸和其他出版商最终也在平板电脑中找到了引入付费应用程序的机会。”[48]

不管平板电脑用户是否代表新的用户（指的是全新的收入来源）或者是先前的用户以不同的方式获取内容，平板电脑数量的激增说明，用户对这种新发现的体验内容的方式越来越喜爱。

一些人把平板电脑的使用视为对互联网四通八达的有线网络模式，也就是用电脑及其浏览器程序获取信息的方式的抛弃。颇受人敬重的技术投资者罗杰·麦克纳米认为，苹果公司为移动内容和商业开发出来的应用程序模式，实际上是与万维网对着干。当然，这也给了大众一种明显不同的选择。相比谷歌的开放源码的安卓系统，苹果的移动操作系统iOS是一种专有系统。苹果iOS提供的技术环境，不仅安全，而且受到严格控制。这是一种与电脑网络浏览本质上不同的技术生态系统。罗杰·麦克纳米说：

> **iPad 和 iPhone 是这个时代最快为人接受、最令人瞩目、具有社会重要性的产品。令人震惊的是，因为能为消费者提供不同的内容体验，苹果公司的设备竟然能卖到 400 ～ 1 000 美元的价格，而消费者则可以在万维网上免费获得这些设备传送的内容。苹果公司出售了大量的 iPad 和 iPhone，并成为最盈利的移动设备企业。消费者支付给苹果公司 400 ～ 1 000 美元的费用，离开了万维网。**

即使移动设备的普及并不意味着对个人电脑 - 互联网模式的一致拒绝，但大量用户已被便携式智能手机和平板电脑上的应用程序所吸引，通过这些明亮的发光屏幕获取内容。这不完全是因为我们被这个闪闪发亮的新玩具吸引了。在过去的 10 年里，用户对等待开机、以电脑为中介进行搜索和检索的电脑 - 互联网模式越来越不耐烦，这才导致了移动平台的迅速崛起。

12.3 不断变化的格局

凭借其通用的应用程序，移动设备给主导已久的网页浏览模式带来了前所未有的压力。全球在用的连接设备里，这种移动设备现在已经占据了一半以上，它们的出现缓解了用户对网络浏览日益增长的不满情绪。

个人电脑 - 互联网体验的一个通病是，用户在一个页面上停留的时间很短（而且这一时间越来越短）。使用 HTML4 作为主流的网页超文本标记语言，加上搜索引擎，用户能以闪电般的速度获取各种内容。在搜索结果页面上点击一个链接，迅速转到连接页面上。在这样一个世界里，每个人都可以进行搜索，并在几秒钟内找到他们想要的有价值的信息，然后继续前进。人们已习惯于像不安的游牧民族那样捕猎和采集，而不能像有耐心且深思熟虑的农民那样逗留在一个网页上。“当消费者以越来越快的速度浏览一个又一个网页时，他们能带来的富有故事性的参与也就急剧减少了。”罗杰·麦克纳米说。

为了提升认知而短暂地使用在线页面作为踏脚石，这对商业和内容的理解都有负面影响。随着消费者参与编辑的内容的减少，对广告的关注就更少了，当然，这些广告通常都不是什么杰作。点击率在逐渐下降。福布斯传媒（一家从事横幅广告媒体出售的出版商）的首席产品官刘易斯·德沃金（Lewis D’Vorkin）说：“横幅广告就像是壁纸。”[49] 谁会记得你只看了不到 20 秒的壁纸呢？

在线内容商业化导致的一个令人担忧的后果是，出版商可以索取的媒体价格面临无情的下行压力。

这些问题不仅降低了出版商的收入，也使大家注意到标记语言 HTML4 在因特网上使用的局限性。为什么要关注描述网页的语言？那些增加数量快于笔记本电脑的移动设备需要一种更好的语言来充分利用大部分的应用程序。HTML4 的使用产生了对移动设备不利的许多局限性。

12.3.1 HTML4 的局限性及对移动设备的影响

第一，局限性涉及图形。如果要用 HTML4 设计包含图形元素的网页，你就必须采用专门的 Adobe Flash 技术。与使用 HTML4 设计页面的其他部分不同的是，Adobe Flash 是用不同的编码编写的。加上 Flash 元素后，整个页面的数据内容可能超过 1 兆字节。在 3G 移动网络（cellular network）下载这样一个页面，需要超过一分钟的时间，手机用户是无法忍受这种延迟的。更糟糕的是，下载这样的页面很快就会耗尽用户的数据流量。

第二，由于 HTML4 和 Flash 的区别，在搜索时，你不能从文本转换到 Flash 或从 Flash 转换到文本。这阻碍了编辑内容与广告文案之间的互动，削弱了二者之间的联系强度。

第三，使用 Flash 要求页面严格设置在直线网格中，并严格限制文本或图形的修改程度。使用 Flash 在网页上放一张图形，就好像在文本中嵌入一块砖。图像是静态对象（static object），不能有太大改动。所有东西都在一个平面上，并固定在一个位置上，无法大幅调整改变这一图形或其周围的文本。

第四，在个人电脑 – 互联网模式中，通过使用 HTML4，网页的每一部分都是事先规划设计好的，存放于服务器上，通过浏览器，照原样传递。例如，当康泰 · 纳仕（Condé Nast）第一次出版数字版的《*W*》杂志时，是以 PDF 文档的形式出版的。这已经成了出版商的固定模式，大多数出版商都发布基于 PDF 文档的应用程序，这些程序通常被称为复制出版物。

对这些复制物页面的修改程度有严格的限制。PDF 文件都是不可扩展的，此类页面就像是一个微型博物馆展览，通过技术的安全保护来阻止你触碰画作。

第五，也是最后一点，典型的网页上面通常有 4 个 Flash 元素。这些静态内容所形成的小岛，无论是广告还是插图，都会影响效果。用户体验少了动态性和适应性。如果仅仅浏览文本也许还是可以的，但这大大降低了网页的用途。把 HTML4 和视频整合起来会很不灵活，也无法生动地播放全动态视频。

12.3.2 HTML4 对其他用户体验的影响

GENWI 是一家位于加州洛斯阿尔托斯（Los Altos）的技术公司，旨在促成移动设备的云出版。其创始人兼前首席执行官 PJ. 古鲁莫汗（PJ Gurumohan）博士说："桌面出版平台的构建并没有考虑到移动设备的问题。"显而易见，移动设备的出现暴露出了个人电脑 – 互联网模式使用 HTML4 的局限性。这要求我们寻求不同的出版和商业模式。

移动设备的不同表现在三个关键方面。首先，它是触觉式的。手持设备，需要触摸屏幕才能执行命令。这就需要自己来感受设备。其次，移动设备会对具体情境做出反应。它会考虑到你在进行的活动，比如你是否在开车、行驶的速度和方向，还会考虑到你在使用的设备。最后，它对位置很敏感，可以确定你所处的位置，并能有效利用位置信息，比如，你是否在某个商店附近。

由于其动态性，移动设备需要一种反应式技术，能够根据用户体验的变化而改变提供的内容。这就产生了 HTML5。

12.3.3 HTML5 及其在移动设备方面的潜能

虽然 HTML5 没有被正式采用，也没有完全替代 HTML4，但它还是提供了多种新功能。

HTML5 使出版商和广告主发布的内容能对所使用的移动设备做出反应，可以根据用来浏览内容的设备的特点 / 性能来提供内容，可以对内容进行重新排版以适应不同的设备。

HTML5 使出版商和广告主能在本地储存数据。它可以将演示数据存储在移动设备上，而不是存储在互联网或在线数据存储设备上。所以，即使没有连接网络，你也能够浏览演示数据。此外，出版商或广告主还可以设计不需要连接网络就可以运行的应用程序。这对你可以随身携带的移动设备来说是非常方便的，就好像“云”已经成为你的囊中之物。

通过硬件的提速，HTML5 有了更强悍的功能。硬件的动画技术使动作展示流畅逼真，从而可以制作复杂或交互式动画。

HTML5 支持视频和音频播放，而不需要使用类似于 Adobe Flash 的第三方专有技术。如果演示文稿是用 HTML5 编写的，所有的内容就都可以在这款应用程序中呈现出来。你不需要再四处寻找这个演示文稿的不同部分。你可以通过浏览器来发布此款应用程序。在这种情况下，这款应用程序也可以称为网络应用程序（Web App），也可以在苹果应用商店或谷歌应用商店中发布这款应用程序。不论是哪种情况，都可以使用移动设备（好比自带的移动操作系统）或浏览器（Safari 或 Chrome）运行这款应用程序。

有了用 HTML5 编写的应用程序，我们可以很轻松地对内容进行动态修改和传播。这使出版商能以便宜、便捷的方式将更新和最新版本提供给读者。对于读者感兴趣的某个话题，出版商的编辑团队或外部投稿人和评论员，可以提醒读者后续发展情况，比如在哪里可以看到维米尔的新画展。还可以轻松地把更新后的销售宣传资料或产品目录发送给店铺的忠实客户，这样，客户就能知道，在自己使用移动设备的城市，哪里有样品促销会或者品牌折扣店可以购买最新的限量版服装。

有了 HTML5，每一像素都可以成为可编程、会反应的位置。以像素作为链接，每一像素都可以帮助读者链接跟踪他们感兴趣的内容。再者，每一像素都可以启动一款应用程序。这意味着可以对显示广告的像素进行编程，促成交易。有兴趣购买广告物品的用户，不用离开当前页面，就可以进行购买。

蕴含在用 HTML5 编写的各个部分的信息，可使出版商和广告主能够提供你感兴趣的内容，像素就像小服务员一样。虽然你还在原来的地方，但呈现在你眼前的内容已经发生了变化。如果你要移动，那么交易处理能力也可以随你移动。这就免除了个人电脑甚至小型手持式移动设备的搜索、移动和滑动所带来的烦恼和痛苦。

12.3.4 云出版

GENWI（Generation Wireless 的缩写）是一家新创企业，致力于帮助出版商和用户进行内容方面的无线互动。HTML5 是 GENWI 技术模型中不可或缺的一部分。GENWI 的口号是："为移动设备提供云出版。" GENWI 已开发了云出版技术，出版商可以在云端创建应用程序和出版物，并将这些内容从云端传到任意设备或浏览器上。出版商可以为期刊或零售目录之类设计和开发应用程序，然后传送到任何地方。

GENWI 系统的一个重要区别是出版物的设计特征存储于云端隔离层中。设计结构和内容的各种细节分别存放于不同隔离层中。更改设计不会影响已编辑的内容，而修改编辑内容也不会改变设计。正如古鲁莫汗博士所说："我们在云端把内容和设计进行了隔离。"

这使出版商能够开发应用程序和出版物，并能用一种新颖的方式对其加以利用。他们能够对内容进行管理整合，构建内容模型，并能够独立管理内容，而不用担心应用程序的设计。他们可以——但不需要通过苹果或安卓应用商店发行应用程序。

这一云系统中还有很多其他衍生优点。出版商可以统一发行应用程序，然后，也可以通过该应用程序统一发行演示文稿。这一系统也支持离线状况下存储内容。你不需要上网就可以使用移动设备中的内容。出版商可以对内容进行实时修改。HTML5 比 HTML4 的个性化程度要高得多，因为可以根据单个用户的偏好和位置进行调整。

用 HTML5 开发应用程序还可以保持灵活性，不断地增加各种广告网络和原生广告（native ads，出现在广告主付费的新闻报道中）。使用 HTML5 对出版物进行排版和独立管理，出版商因此可以随着移动广告行业的发展，尝试不同的网络广告及其形式。同时，能够在云端实时更新内容，使出版商可以创建得到了赞助的内容部分。

基于 HTML5 的应用程序开放式架构允许出版商与正在阅读编辑内容或使用搜索功能的用户建立深层次的联系。无论用户是使用本地 iOS 应用程序或网络应用程序阅读内容，对出版商而言，这都有点类似于发行搜索引擎优化杂志或古鲁莫汗所谓的“能进行搜索引擎优化”的杂志 。

除此之外，这一云系统还可以在生产和业务过程中，通过多种方式为广告主省钱。

对数字出版还很陌生的出版商，倾向于用印刷工作流程开发应用程序和内容。这无可厚非，因为他们过去一直是这么做的。但这会带来许多不必要的费用。许多出版商仍使用印刷类的页面排版工具创建交互式版本。然而，当创建页面传输到移动设备上时，页面排版数量大幅度增加。出版商必须根据不同的移动设备进行调整，因为不同的移动设备其屏幕大小、长宽比、像素密度都是不同的，并且这些参数一直都在变化。

除了内容制作方面的成本之外，许多出版商还要面临大量的定制成本。他们必须开发相关系统来维护用户订阅管理平台，还必须花费更多的费用制作不同交互形式的全屏广告。最后，因为最终产品是数字化产品，为了进行统计、审核发行量等，出版商又需要花成本整合数字内容及其分析技术。

然后，对这一商业游戏还很陌生的出版商，还需要花成本来管理应用程序。对于出版商而言，最主要的挑战是开发内容并通过应用程序呈现出来，但还需要成本来管理和运行新的应用程序发行渠道。把应用程序提交到苹果应用商店，通常都是由开发者和程序员来做的，但传统的出版商都不会雇用或只雇用极少数的这类人员。然后，在开发过程中还需要对应用程序进行测试和调试，这同样需要成本。除此之外，随着数字用户逐渐熟悉数字出版物，他们对出版物的期望也越来越高，出版商需要维护这些读者并给他们制定个性化的内容，这又需要大量的资金投入。

所有这些成本，都是将电子出版物移植到传统印刷出版工作流程中带来的，并且增长速度很快。如果使用云系统，将大幅减少甚至消除这些成本。

这种云移动内容管理系统（mCMS）具有多种功能，其中一个典型例子是，这一平台支持通过苹果或谷歌应用商店进行应用程序内购买（in-App purchases）。这一平台还支持重复订阅款项支付，出版商可以调整付款方式，就像对基于应用程序的出版进行调整一样。比如说，出版商或零售商可以运用订阅定价模式销售图书及其精华部分、杂志或目录。付款方式可以是一次性或分次付款。应用程序内出版（in-App publishing）支持内容修改，分次付款使付款有了同样的灵活性。有了协调定价模式和支付过程的灵活性，新的编辑产品或服务就能自动转变成新的业务，实际上，这就是品牌延伸。

12.4 数字电视

与智能手机和平板电脑一样，由于技术逐渐被消费者采用，大多数新的媒体渠道也得以成长。但数字电视却不是这样的。2009 年 2 月 17 日，美国政府颁布了相关法令，所有的广播电台都不能再通过无线电来传输模拟内容（analog content），这导致数字电视观众大幅度增加。从这一天起，数字信号是唯一允许传播的信号，美国所有的电视观众都得有一台数字信号电视或装有能够转换数字信号的机顶盒的模拟信号电视。

在美国，目前的数字电视（以及理论上的交互式电视）用户已经达到了 1.156 亿住户。在所有有电视的家庭中，两岁以上的电视观众估计约有 2.94 亿人。[50] 忽略这些数字不计，营销人员仍然看好电视是这世界上打造品牌的最强大媒体。同步媒体有限公司（Simulmedia, Inc.）是家专注于电视广告及网络广告制作的公司，其创始人兼首席执行官戴夫・摩根说："其他（媒体）都不能做到像电视一样，让观众从视觉、听觉和情感上都参与进来。如果你想要对潜在消费者产生真正的影响，没有比电视广告更有效的媒体广告位了。"[51]

营销人员用钱包对这种说法投票。2013 年，广告主在电视广告（包括有线和无线）上投入的金额已达到了745亿美元，远超所有其他竞争媒体。[52]

但每年广告支出的理由越来越不坚定了。如果你把广播电视广告（美元）支出加到有线电视广告支出中去，电视仍是美国当今最大的广告媒体。还有，不容置疑的是，电视观众的数量也是巨大的。可也有充分的证据证明，电视观众正在缩减。比方说，从2011年第3季度到2012年第4季度，观看电视的人口（年龄大于两岁的美国人）连续6个季度以来一直在减少。[53]电视观众的总人数还是很大，部分原因是，尼尔森公司近来改变了其对电视住户的定义，把以前未被包括进去的亚群也计算进去了。[54]

然后还有来自数字媒体的竞争。2011年，所有数字广告支出超过了有线电视广告。[55]2013年，所有数字广告支出超过了广播电视。[56]

那么，为什么电视广告支出会增加呢？

现在观众收看电视的时间超过以往任何时候。根据eMarketer提供的数据，每个观众每天大约要看4.28小时的电视。[57]总体来看，电视仍旧是最吸引眼球的媒体形式。除此之外，在品牌营销人员中，一直广泛相信，控制品牌意识的建立过程能够促成购买，而要做到这一点，则必须获取大众受众。雅虎的研究人员和社会网络理论学家邓肯·瓦茨（Duncan Watts）认为，如果没有对受众曝光（audience exposure），就没有任何影响力（有时候称为网络效应，network effect）。瓦茨说："想要锁定少数几个关键影响者来产生巨大的效应是不可能的。”[58]

由于这些原因，电视广告支出在持续地上升。品牌营销人员选择把最大的赌注押在他们认为最有希望影响品牌识别（brand identification）的媒体上，以期产生显著的变化。

然而，规模并不是一切。仅仅因为营销人员继续把这么大的赌注押在电视上，并不意味着这就是正确的。问题依然存在：这个赌注值得吗？答案更加模糊了。

问题在于受众的分散化。在过去的30年中，新的媒体渠道迅速增加，不仅包括电视以外的其他形式（电脑、手机和平板电脑等），还包括电视内部的形式。电视频道的数量大约增加了6倍，而电视节目的数量则增长了100倍。1992年，有电视的家庭平均能接收到28个频道，而到了2012年，这个数字增长到了平均165个。[59]即使如今电视观众要多得多，每个观众收看电视的总时间也创下新高，然而，那些新增频道上的节目能够满足不同人群的喜好，这就把今天庞大的电视观众分成了许多群体。

收视率反映了观众的分散情况。1993年，有300个电视节目其收视率在10%以上，然而到了2013年，只有12个节目的收视率在10%以上。一半的电视节目的收视率只有1%甚至更低。而这并不代表这些电视节目不好。相反地，低迷的收视率是选择多样化的结果。人们有更多的节目可以选择，但每个节目的观众数量变小了。收视率与观众数量大致成比例。

在黄金时段有如此多的频道对观众进行分割，这造成了极其严重的影响。1984 年，广播电视占据了 55% 的电视收看黄金时间。然而到了 2011 年，广播电视内容只占据了 30% 的黄金收看时间。即使是广播电视的最佳节目加起来，所占据的时间也不到黄金时间的 1/3。

在所有媒体中，电视仍然拥有最大的市场份额。电视就好比是所有马戏团中最大的那个帐篷，但这个帐篷里有许多的节目，而你只能观看其中的一部分。此外，观看某个特定节目的人数可能很少，而且还在减少。对这极少一部分观众进行品牌化推广是否有用，仍值得商榷。收视率已经很低（因为观众越来越少），因此，要投放以前 3 倍多的广告位才能覆盖到以前 1/3 的人数。

戴夫·摩根说，这给电视业带来了“到达率问题”。换句话说，除了极少数的例外，在营销人员希望锁定的人中，越来越少的人会观看节目。戴夫·摩根说：“与 1997 年相比，虽然现在美国的电视观看率前所未有的高，但是电视广告活动的到达率大幅降低了。”[60] 然而，尽管回报不断递减，但广告主仍然把大部分预算押在了数量不断缩减的高收视率节目上。他说：“电视媒体行业没有做到与时俱进，没有对计划、购买、评估工具和战略进行调整。”[61]

15 年前，在全美范围内进行一般频次的重磅广告宣传活动，能够在 3 个星期内覆盖 80% ～ 90% 的目标观众。而现在，进行全美范围的重磅广告宣传活动，能在几星期内覆盖 60% 的目标电视观众，就已经很幸运了。[62]

如果你认识到现在价值最高的观众被相似商业广告不停轰炸的密集度，可能就会觉得情况更加糟糕。

> **15年前，电视广告主可以期望他们40%的广告宣传活动的广告位将会集中到20%最经常收看电视节目的观众身上。然而今天，这种广告频次失衡（frequency imbalance）几乎翻了1倍。如今这20%最经常看电视的目标观众接受了60%～80%的全国性电视广告宣传活动的广告位。这不仅浪费了广告主的资金，不必要地加快了创意的“耗尽”，而且使那些感觉自己受到冗余信息轰炸的目标观众远离电视。**[63]

虽然购买电视媒体的回报看起来注定要减少，但技术的发展提高了电视媒体广告服务的效果和效率。

数字电视带来的主要商业进步是提高了精确度（specificity）。营销人员之所以能够准确掌握每一秒钟内每个人正在收看什么节目，是因为数字电视具有数据收集的能力。这些数据可以和有线电视系统运营商收集并出售的其他使用情况信息结合起来。与根据互联网用户的浏览和点击行为编辑而成的个人数字侧写文档一样，这一关于电视使用和观看偏好的扩展日志可以极大地提升锁定的精确度。

广告主可以知道人口统计特征，例如，某个家庭中有18～49岁的人。也可以知道经济状况：某个家庭有一个人会观看某个特定节目，这个家庭的年收入大于15万美元，并且这个家庭拥有投资性资产。他们还可以了解人口统计特征与收看行为的综合情况，例如，一家有一个年龄在 18 ～ 49 岁的观众观看了两集这一季的《海军罪案调查处》（*NCIS*）。他们也可以了解人口统计特征与广告曝光的综合情况：某个家庭有一个年龄在 18 ～ 49 岁的人，从 2013 年 12 月起，看过 8 次玉兰油广告。算法可以处理诸如此类的信息分析，从而预测这些观众在什么时候会看什么节目。

也可以撇开数据分析。我们不妨只是让电视机告诉广告主：此时这一观众正在看什么。电视机设置好后，就可以获得观众的即时收看行为了。然后，同网络广告的实时竞价一样，购买下电视广告位，并在 1 毫秒的时间内播放适当的商业广告。请记住，数字电视是可寻址的，它有一个和你的笔记本或平板电脑相似的 IP 地址。

这种市场研究的目的是为了把广告准确地传送给会对广告做出回应的人，并且只传送给这些人。想象一下，在郊区新建的一座高档小区里，有三间并排的房屋。这是那种很好的小区。100 年前，旅行推销员也许需要一户一户地推销，而现在则不再需要人员上门推销，因为推销工具已经在这些房子里了，居民同时被一个相同的节目迷住了，比方说，这个高收视率的电视剧是《生活大爆炸》(*The Big Bang Theory*)。

在第一座房子里，广告主给一位 44 岁的男人播放百威的广告。在第二座房子里，广告主给一位 24 岁的女人播放美宝莲睫毛膏的广告。在第三座房子里，他们给一位“婴儿潮”时期出生、现在已经退休的人发送广告，可以细致周到地提供失禁产品的家庭送货服务。对于不同的观众应提供不同的广告。

但如果每幢房子不是并排的，那又该怎么办呢？如果这些房子散布在全美呢？如果观众在看不同的节目呢？这没问题。如果他们没有看广播电视呢？如果一个理想的观众群体正在有线电视上观看美国英雄频道呢？也没关系。只要广告主想，这些人就可以看到啤酒广告。他们是合适的目标受众，都是数字化和可寻址的，可以在合适的时间实时接触他们。

这是个利用可寻址数字电视进行广告锁定的近乎完美的设想。这一设想解释了，如果你希望可以像用网络广告锁定互联网用户那样锁定电视观众一样，那么数字电视将如何进行锁定。而且这一设想有多大的现实性呢？

可寻址电视的观众总体数量很大，但又很分散。可寻址电视优于任何其他数字媒体的是，彻底改变了以模拟媒体为代表的旧体制。总体来说，模拟媒体（电视、杂志、电台、报纸）往往对观众具有极大的吸引力，但缺少接触观众的手段。为了把印刷内容分销出去，你必须有印刷机和编辑部。为了传播电视内容，你也必须获取营业执照和建立电视台。这将耗费大量金钱，而这些钱常常由少数人或组织控制。

相反地，在数字媒体领域，发布内容的方法数不胜数。稀缺的是，或更应该说是规模小的是——注意力。注意力是根据这些分散群体的少得多的观众进行衡量的。在个人电脑或平板电脑上显示的数字内容，可以认为千分之一的用户点击率都是很好的回应。然而，随着可选择频道数量的快速增长，加上电视观众的分散化，在某个时刻或在广告宣传活动持续期间，吸引到足够多的合适观众的注意力是很难的。这与在《超级碗》（*Super Bowe*）播放期间购买30秒的广告时间能够得到的观众注意力完全相反。

但这并不意味着数字电视前景黯淡。数据、锁定、寻址能力和优化能力的结合使网络广告可以发挥作用。虽然众所周知，电视缺乏互动性，观众在观看电视时懒散，也很被动，但这些都不一定就是利用电视提供定向广告的障碍，因为现在所有数字媒体的数据、锁定、寻址能力和优化潜力，都可以用来提高广告与那些自行进行细分的小规模观众之间的关联性。

由于以前的大众电视受众发生了极度的碎片化，使用数字电视做广告，是从可能是世界上最长的长尾（还在稳步增长）中选购单个观众的最佳例子。但问题是，这一方法有没有被采用？如果被采用的话，这一方法是否比用老式方法来购买大量的电视观众更有效呢？老式方法的优势越来越少。

数字电视广告的未来

为了让这一替代方法切实可行，同步媒体有限公司赌上了自己的未来。如果这一方法确实可行，那么同步媒体有限公司就可以将各个方面整合起来。

那么，这一新的数字电视使用方法被采用了吗？答案：还不多。

这一长尾数字优化方法是否更加有效？答案：是的，有时候，在少数情况下会好得多。

在此之前，我们设想了愿景：通过数字电视媒体的购买和在广告服务中使用行为定向，将产生前所未有的准确度。事实是，从技术手段上来说，在全国范围内对数字电视寻址是可行的，但这种电视的安装基数太小了，很难产生很大的影响。

即使从2009年2月起，广播公司和有线电视系统运营商就不得不开始用数字信号传输节目，但是只有很少的电视有内部电路系统或机顶盒可以发送和接收数字信号，并且大多数电视没有配备计算机芯片。在提供广告服务时，缺乏这样的高科技电视，严重限制了电视安装基数的可寻址能力。

全国范围的技术基础设施还不能改变每个家庭的电视广告。事实上，情况还要糟糕得多。在1.15亿有电视的家庭中，大约只有2 000万家庭的电视可以接收个人定向的广告。10年前，只有不到1%的机顶盒是数字化的。5年前，最多只有15%的机顶盒是数字化的。现在有40%～50%的机顶盒是数字化的。

然而，即使这40%～50%的数据，也是有误导性的。这一数据促使报导高估了可从美国已安装的电视基础设施中获得的好处。在已安装的数字机顶盒中，大约有一半是最早的型号，即2000型机顶盒。这种机顶盒的内存很小，只能存储一些执行指令及记录频道变换的必要编码。这些机顶盒并不像数字视频录像机（DVR），不能处理数字，也不能产生家庭使用情况的详细数据。相对来说，在有电视的家庭中，很少配备了能提供反馈数据（称为数字化排放（digital exhaust））

的设备，用来确定用户的观看偏好特征。

装有电脑、可以直接连接网络的设备的电视机是必要的，这就是智能互联电视（smart-connected TVs），也可称之为网络驱动电视（Internet-enabled TVs），或者简单点说，交互式网络电视（IPTVs）。这种电视机实际上就是大型平板电脑。有了这种电视机，广告主甚至不需要和广播公司或有线电视系统运营商合作了。他们可以通过互联网改变电视广告，就像他们现在可以在电脑和平板电脑的网页上播放展示广告一样。

目前的情况是，美国有 1.15 亿家庭拥有最有利于品牌建设的媒体传输设备——内容吸引人的大屏幕电视机，以及最先进的接收技术——就如同一个处于最佳视角的按摩椅，但是仍然没有足够合适的高科技管网系统能够充分利用这种沉浸式的传送媒体。

就在两年前，网络驱动电视还是很少的。2012 年 2 月，在有电视的家庭中，只有 10.4% 的交互式网络电视。现在交互式网络电视的销售量一路上升，并且配备有奈飞、Hulu、美国家庭影院（HBO）以及亚马逊超级会员等服务。然而，还有另外一个基础设施方面的不足之处。截至 2012 年 2 月，只有 47% 的交互式网络电视连接了网络。[64]

有了网络展示广告，不管广告位是如何出售的，广告主都可以做到像射击步枪一样进行精确定位。由于如今安装的基础设施还比较低端，很难利用电视进行锁定，我们只是稍稍缩小了一点猎枪的射击范围罢了。

那么美国的数字电视基础设施建设要用多久才能进行全范围寻址呢？可能要用长达7年的时间。那也是有针对性的个性化广告出现在大量的个人电视中所需要的时间。但这一临界点本可以来得更早些。

更重要的是，实际上，对如何在不同媒体之间分配庞大的广告预算，众多营销主管要承担最终的责任。对他们而言，这些改变会在他们大多数人退休前发生。因此，学习如何适应数字可寻址电视时代的到来，是他们决定自己职业生涯成败的关键性挑战。这是他们无法逃避的挑战。

但这并不意味着用于互联网广告的服务和优化无法用于现有的美国电视。这是可以的。在全国性电视主导的以往岁月，广告主得花一大笔钱购买大量观众，然后得到许多他们想要的观众。他们也要为自己不想要的大量观众付出一大笔钱。浪费巨大。那种形式的广告就像商业渔船，在资源丰富的渔场上用一张巨大的渔网捕鱼，总会捕上很多他们不想要的鱼。

未来有了可全面寻址的数字电视，广告主只捕那些他们想要的鱼，并支付相应费用。而那些鱼也会乖乖跳进他们的渔船，而且还不需要网。

我们现在正处于一个过渡阶段。现在的情况是，过去的大型渔场分裂成数以万计的湖泊，有点像明尼苏达州，而每个湖泊中的鱼少了。有经验的电视广告主也不知道应该如何对付这一个个的捕鱼点。然而，即使我们不能实时任意锁定这些个体集合，并根据具体情况改变展示广告，我们仍可以使用获得的数据来确定大量的理想目标客户聚集在哪些捕鱼点。

就像网络广告主或其需求方平台所做的那样，诸如同步媒体有限公司之类的企业通过利用大量数据，来决定购买什么广告位，确定什么样的组合方案会对其客户的广告产生最大影响。“现在有充足的技术基础设施，我们可以做得比以前更好，可以比以前好 4 倍。”戴夫·摩根说道。

假设广告主的目标是个西班牙裔观众。直观上，应该从西班牙语言网站，比如 Univision 或 Telemundo，购买广告。然而，这并不是说，讲英语的节目就不是个好方案了。事实上，摩根认为，82% 的西班牙裔是看英语电视的。所以，对瞄准西班牙裔观众的广告主来说，同步媒体有限公司可以通过对数据的分析，找到有 50% 或更多西班牙裔观众的 1 000 条插播广告。比如说，有许多西班牙裔观众观看美国英雄频道有线电视，如果能在这个频道买到插播广告的话，就会比在讲西班牙语的频道做广告的效果好很多。

这不像网络广告那样把观众一个一个地聚集起来。不过，这也是一项改进。合适的观众会聚集在一起观看某些节目，这种方式则精明地挑选了这些节目来购买电视广告位。

电视网络商也需要那些同样精明的媒体购买活动来推广宣传他们的新节目。很多品牌广告主会在黄金时段的少数节目里购买大量观众，与他们不一样，电视网络商不能不关心他们的广告插播在哪里。因为他们的营销活动要严格为收视结果负责，他们会在能带来合适观众的新系列节目中进行广告宣传。

最近，在一次这样的活动中，同步媒体有限公司与某一大型电视网络合作，进行收看节目的广告促销活动，目的是让观众在一个有竞争力的时段，观看一个新节目的首映。同步媒体有限公司并不只是购买黄金时段的大量观众，然后就坐在那里祈祷成功了，而是对“替代节目”的观众进行了分析，同步媒体有限公司预期这一“替代节目”的观众就是新系列节目的目标观众。基于这一分析，同步媒体有限公司可以通过技术预测在哪里植入广告能接触到高密集度的目标观众，然后买下这些商业广告位。只用了电视网络广告预算的29%，在73个电视网络上，同步媒体有限公司买下了3 000多万个广告位。在新节目样本的首次播出中，这些商业广告获得了近46万名观众。在观看新节目的替代节目中，同步媒体有限公司获得了40%的观众，这是个非常高的回应率。这样，同步媒体有限公司方法的效率（指获得合适的观众）比广告宣传活动中使用的其他媒体购买方法的综合效率还要高27%。

然而，在实践中，有效利用媒体往往不是媒体购买时对价值进行评判的唯一甚或最重要的标准。除了技术的采用速度以外，还有其他因素可能也会严重影响电视广告的效果。广告决策往往会受到行业中很常见的合同条款的重大影响。

比如说，可口可乐公司把其产品可口可乐糖浆出售给250多个瓶装商。这些瓶装商希望可口可乐公司为这数亿加仑的糖浆提供广告支持。根据合同，可口可乐公司向瓶装商保证提供一定数量的广告宣传媒体，这会转换成一定数量的毛评点（gross ratings points）。可口可乐公司的媒体主管会花费预算来达到一定的媒体比重（media weight），并得到相应报酬。依据合同，他们有责任配置一定绝对数量的广告位，即使这些广告位的有效性可能不是最理想的。这些可口可乐公司的传媒主管可能不会因为“钓鱼”钓得更好而得到更高的报酬，也就是说，购买收视率低但更适合该品牌的广告位不能得到回报。他们的激励机制可能完全不关注什么技术能做得更好。

然而，电视广告领域的情况在发生改变，尽管网络媒体预算比电视媒体少，网络科技正在以一种意想不到的方式发挥作用。正如技术的采用使网络广告购买方更负责任，而这也迫使电视广告购买方更负责任。有时候，社会工程（social engineering）要比技术创新更重要。

假设某一品牌广告主的媒体主管负责网络媒体的购买（或负责监督其代理机构的网络广告购买行为）。对于那些网络广告购买来说，媒体主管可以得到令人难以置信的详细数据：精确锁定了谁、广告购买成本是多少以及获得什么样的反应。这个数据远比电视媒体主管可以提供的任何内容都要更详细。品牌广告主的首席财务官对网络媒体数据印象深刻，因此就会问电视媒体主管：“为什么你们没有办法把电视广告做得（像网络媒体）那么好？”首席财务官问这一问题，正是因为电视广告预算比网络广告高很多。因此，这就更需要正当理由了，而电视媒体主管的回答也需要更有说服力。如果不能做到这些，那么网络媒体主管就会让电视媒体主管很难堪。电视媒体主管最不想从首席财务官口中听到的一句话是“除非你能给我更好的数字结果，否则我会把钱从电视广告上撤走”。

随着网络技术的日益强大，这种情况每天都在发生。谈及现在的电视媒体主管，戴夫·摩根是这样说的：“他们的世界就是一个找理由的世界。”

最终，这样的组织心理动力学可能比技术更重要。但开启颠覆电视广告这一不可阻挡的过程的，正是网络广告技术的发展，网络广告技术能使用数据进行精准锁定，然后进行最优化。宜早不宜迟，那些电视媒体主管会有动力为电视广告采用更好的锁定和分析技术，毕竟谁都不想自己的职业就这样被竞争的同事逼入死角。

注　解

前言

1. 当然了，我们要购买用来浏览信息的设备，也要为互联网接入服务付费。我在这里指的是，除非极少数特例（例如，道琼斯（Dow Jones）公司对其网站设置了付费墙（paywall），要求用户付费），我们并不像一般的用户一样，要对网站发布的内容付费。不管我们是否访问这些内容，出版商都已付了费。想要了解更多，参见 Ari Rosenberg, "An Open Letter to the Open Letter Writers," Online Publishing Insider, May 16, 2013, http://www.mediapost.com/publications/article/200512/an-open-letter-to-the-open-letter-writers.html（访问日期 2014 年 3 月 30 日）。
2. Interactive Advertising Bureau, IAB Internet Advertising Revenue Report/2013 full year results, April 2014, p. 19, http://www.iab.net/media/file/IAB_Internet_ Advertising_Revenue_Report_FY_2013.pdf (accessed April 27, 2014).
3. 同上。
4. 同上。
5. 同上。

6. PricewaterhouseCoopers, PwC Global Entertainment and Media Outlook: 2013 – 2017, www.pwc.com/outlook (accessed April 27, 2013).
7. " U.S. Total Media Ad Spending, by Media, 2012 – 2017, " eMarketer, March 2014, images at https://www.google.com/search?q=U.S.+Total+Media+Ad+Spending,+by+Media,+2012-2017 (accessed April 27, 2014).
8. " Total US Ad Spending to See Largest Increase since 2004, eMarketer, July 2014, www.emarketer.com/Article/Total-US-Ad-Spending-See-Largest-IncreaseSince-2004/1010982 (accessed July 28, 2014). See the second table at that web page titled " US Total Media Ad Spending Share, by Media, 2012 – 2018, source: eMarketer, June 2014, table #174113.
9. 任何搜索词。例如，假设你搜索"山地自行车"。你一键入这个词，网络爬虫就会找到所有那些出现这个词的网页。事实上，网络爬虫在整个互联网上创建了这一搜索词的索引，并对其不断更新。

第 1 章 拥堵的网络生态系统

1. 根据维基百科记载，1978 ～ 1984 年，忍者刀销售量在 200 万～ 300 万之间。忍者刀最初是俄亥俄州费利蒙市一家企业为忍者而制造的。Wikipedia, http://en.wikipedia.org/wiki/Ginsu（访问日期 2014 年 3 月 23 日）。
2. 我们大部分人可能没有看到这些空白区域。因为网站会利用 cookie 跟踪消费者的浏览记录，所以总是会有一些广告主愿意竞拍广告位，把相应广告投放到我们眼前。但作为消费者，如果你并没有浏览记录，或者说你经常清理 cookie 记录，你就会看到原本是广告的地方都变成了空白区域。这些空白区域是网络出版商的噩梦，这些广告空间没有卖出去，而且这些出售机会一去不复返。

3. 见 2010 年 5 月 3 日，特伦斯·卡瓦加在互动广告局网络和交易会议上做的主题报告《解析混乱：广告技术发展动态》第 13 页幻灯片“拆分栈——网络世界”。卡瓦加证实，到 2014 年，支付给广告媒介的每 5 美元中，仍有大约 3 美元是支付给中介的。卡瓦加的演讲视频 http://www.slideshare.net/tkawaja/terence-kawajas-iab-networks-and-exchanges-keynote（访问日期 2014 年 4 月 2 日）。

第 2 章　搜索引擎营销

1. Borrell Associates, “Economics of Search Marketing,” June 2009, p. 4.
2. 同上 , p. 6。
3. “ US Digital Search and Display Ad Spending, 2012 – 2018, ” eMarketer, March 2014, report #169628, www.eMarketer.com/newsroom/index.php/category/press-releases/.
4. Nitasha Tiku, “The Problem with Paid Search,” Inc.com, July 1, 2010, http://www.inc.com/staff-blog/the-problem-with-paid-search.html (accessed July 5, 2014).
5. Darren Dahl, “ Small Players Seek an Alternative to the Expense of Pay-PerClick, ” The New York Times, October 17, 2012, http://www.nytimes.com/2012/10/18/business/smallbusiness/as-pay-per-click-ad-costs-rise-small-businesses-search-for-alternatives.html?_r=0 (accessed April 23, 2014).

第 3 章　拍卖竞价与付费搜索广告的发展

1. Danny Sullivan, “ The Google Decade: Search in Review, 2000

to 2009," Search EngineLand.com, February 1, 2010, http://searchengineland.com/the-google-decade-search-in-review-2000-to-2009-34830 (accessed June 28, 2014).

2. 这一和其他直接对比尔·格罗斯的引用及和他相关的信息，都来源于对他的访谈。

3. Andrew Ellam and Marco Ottaviani, "Overture and Google: Internet PayPer-Click Advertising Auctions," London Business School, LBS reference CS- 03-22, March 2003, http://www-scf.usc.edu/~csci572/papers/Overture.pdf (accessed June 28, 2014).

4. 同上。

5. 同上。

6. Danny Sullivan, "2001 in Review: Search Engine Marketing Gets Respect, As Does Search Generally," February 4, 2010, http://searchengineland.com/2001-in-review-search-engine-marketing-gets-respect-35174 (accessed June 28, 2014).

第4章　谷歌的超越

1. 有时候由于某些技术原因，有些竞标者无法获得排名。

2. "US Digital Search and Display Ad Spending, 2012–2018."

3. "OPEC," 不列颠百科全书, http://www.britannica.com/EBchecked/topic/454413/OPEC (accessed April 24, 2014).

4. "2013 Financial Tables" (unaudited for 2013), Google Investor Relations, http://investor.google.com/financial/2013/tables.html (accessed April 24, 2014).

5. "US Digital Search and Display Ad Spending, 2012–2018."

6. Farhad Manjoo, "The Great Tech War of 2012: Why Google Will

Win," Fast Company, November 2011, p. 114.

7. "US Digital Search and Display Ad Spending, 2012–2018."
8. " US Ad Spending: Online Outshines Other Media, " eMarketer, November 2010, report #122072, www.eMarketer.com, p.1.
9. John Frelinghuysen and Aditya Joshi, " Bain Brief: In Search of a Premium Alternative: An Action Plan for Online Brand Advertising," Bain.com, April 20, 2010, p.1, http://www.bain.com/publications/articles/in-search-of-premium-alternative-an-action-plan-for-online-brand-advertising.aspx (accessedJuly 25, 2014).
10. Borrell Associates, p.4.
11. "US Digital Search and Display Ad Spending, 2012–2018."

第 5 章 展示广告和广告网络平台的出现

1. 例如，在美国汽车制造业，在 48 个州中，汽车制造商把汽车直接销售给客户，要么是违法的，要么有诸多限制。在这 48 个州中，苹果公司可以在苹果商店向你出售 iPad，而汽车制造商做同样的事情，就是犯罪。James Surowiecki, " Shut Up and Deal," The New Yorker, April 21, 2014, p. 36.
2. 根据 Moat（一家网络展示广告分析公司）的共同创始人和首席执行官乔纳 · 古德哈特（Jonah Goodhart）的一项估计，2011 年创建了 3 亿个新网站。
3. Joanna O'Connell and Michael Greene, " The Future of Digital Media Buying," Forrester Research, Inc., September 21, 2011, p. 2.
4. 根据 InternetLiveStats.com 的一项估计，互联网上有超过 9.491 亿个网站，到 2014 年年末，互联网上会有 10 亿个网站。www.internetlivestats.com/total-number-of-websites/ (accessed April 26, 2014).

5. O'Connell and Greene, p.2.

第 6 章 实时竞价和网络广告的演变

1. Jo Bowman, " Real-Time Bidding_How It Works and How to Use It," WARC, February 2011, p. 2, http://www.improvedigital.com/en/wp-content/uploads/ 2011/09/Warc-RTB-Feb11.pdf (accessed April 10, 2014).
2. 有位智者曾说："千万别迷恋你的媒体方案。"事实上，这是搜索营销咨询公司 Didit.com 的首席执行官凯文·李说的。见凯文·李与史蒂夫·鲍德温著的《 The Eyes Have It 》(Westport, CT: Easton Studio Press, 2007), p. 91.
3. 同上，p. 122。
4. 同上，p. 138。
5. 网络随机是一种广告购买方案，广告可能出现在某个广告网络平台的任一网站的任一页面上。http://www.marketingterms.com/dictionary/run_of_network/——译者注。
6. " The Arrival of Real-Time Bidding and What It Means for Media Buyers," Google white paper, 2011, p. 6, http://www.google.com/url?sa=t&rct=j&q=&esrc=s&source=web&cd=1&ved=0CDYQFjAA&url=http%3A%2F%2Fwww.lemag.ma%2Ffile%2F124563%2F&ei=xbZnU9yoAZDnsASLsYLgAg&usg=AFQjCNEynG0nS8I1UsNx6G3o5FVP_vZAPA&sig2=2cbggNow-vfysF7skKvnw&bvm=bv.65788261,d.cWc. (accessed July 25, 2014).
7. Bowman, p.4.
8. " US Digital Display and Search Ad Spending Growth, 2012 - 2018," eMarketer, March 2014, www.emarketer.com.

9. Interactive Advertising Bureau, IAB Internet Advertising Revenue Report/2012 full year results, April 2013, p. 12, http://www.iab.net/media/file/IAB_Internet_Advertising_Revenue_Report_FY_2012_rev.pdf (accessed May 5, 2014).

10. " U.S. Real-Time Bidding (RTB) Digital Display Ad Spending, 2012–2018, " eMarketer, June 2014, www.emarketer.com.

11. " U.S. Digital Search and Display Ad Spending, 2012 - 2018, " eMarketer, March 2014, " www.emarketer.com.

12. 同上。

13. 同上。

14. 同上。

15. " US Real-Time Bidding (RTB) Digital Display Ad Spending, 2012-2018, " eMarketer, June 2014; www.eMarketer.com.

第 7 章　实时竞价如何运作

1. Ramsey McGrory, " The Realities of Real-Time Bidding_What Publishers Should Know, " MyersBizNet, December 15, 2010, www.mediabizbloggers.com/guest-mediabizbloggers/111851544.

2. 我估计，每天会有大约 1 000 亿个 cookie 设置在电脑和其他联网设备上。我的经验法则是，每个广告位投放 10 个 cookie。

第 8 章　Right Media 创建广告服务器

1. Poindexter 这个名字来源于动画片《菲利克斯猫》中才华横溢的书呆子科学天才，他是教授的侄子，同时也是菲利克斯猫的敌人。

2. 在接下来的讨论中，我们重复使用点击率作为衡量指标。许多广告主使用点击率来衡量广告的有效性。其他可以使用的指标包括每获取成本（cost per acquisition，即有多少互联网用户同意进行注册，不管是进行什么注册）或每引导成本（cost per lead，即有多少互联网用户提供了信息，并同意广告主联系自己）。这些结果通常称为转化（conversion），相关衡量指标称为转化率（conversion rate）。

3. 保罗·梅尔（Paul Meehl）、丹尼尔·卡内曼（Daniel Kahneman）、洛宾·道斯（Robyn Dawes）等心理学家对决策理论的研究显示，对所有因素赋予相同权重的简单算法常常比更复杂的多元回归算法或专家直觉的预测结果更好。正如卡内曼在《思考，快与慢》一书中写的那样："在对未来进行预测时，一个对所有预测变量赋予相同权重的公式，很有可能与处理原始样本时最优的多元回归公式一样精确。最近的许多研究更进了一步，对所有预测变量赋予相同权重的公式常常更优越，因为这种公式不会受到采样中的意外事件影响。" 参见 Daniel Kahneman, *Thinking, Fast and Slow*, (New York: Farrar, Straus and Giroux, 2011), p.226.
4. 在这里，成功被定义为达成有效的每点击成本或每转化成本（效果）以及规模的能力。
5. 然而，在很大程度上，这一系统并不是中立公正的。构建这一算法是为了购买广告位和实施广告活动，使广告网络平台 Right Media 的收益最大化。

第 9 章 实时竞价的操作

1. Quoted in Stephanie Clifford, " Instant Ads Set the Pace on the Web, " The New York Times, March 11, 2010, www.nytimes.com/2010/03/12/business/media/ 12adco.html?_r=2&emc=eta1. Smith_9780814434994_3p_all_r1.z.indd 192 8/8/14 1:24 PM Notes | 193
2. Jeff Green, " Cutting Through the Remarketing Clutter with

RTB, " ClickZ, April 27, 2011, http://www.clickz.com/clickz/column/2045970/cutting-remarketing-clutter-rtb (accessed June 25, 2014).

3. 同上。

4. 同上。

5. Mike Baker, " Real-Time Bidding: What It Is and Why It Matters, " ClickZ, October 19, 2009.

6. Jo Bowman, " Real-time bidding_how it works and how to use it, " WARC, February 2011, p.4, http://www.improvedigital.com/en/wp-content/uploads/2011/09/Warc-RTB-Feb11.pdf (accessed July 25, 2014).

7. Bowman, p. 5.

8. Green.

9. David Kaplan, " MSNBC's Kim: Killing Pageviews Will Pay Off in the Long Term, " Gigaom.com, October 7, 2010, gigaom.com/2010/10/07/419-msnbcs-kim-killing-pageviews-will-pay-off-in-the-long-term/ (accessed July 25, 2014).

10. Rajeev Goel, " Building Real-Time Bidding, " Adweek, January 11, 2010, www.adweek.com/news/advertising-branding/building-real-time-bidding-101443.

11. "Reaction: MEA Digital's Ryan Sees Philosophical Challenge Ahead with Guaranteed Versus 'Best Ad' Placements, " AdExchanger, April 25, 2011, http://www.adexchanger.com/ad-networks/mea-digital-ryan/ (accessed April 9,2014).

12. Zach Coelius, " Why Real-Time Bidding Wins, " Ad Exchanger, July 13, 2010, http://www.adexchanger.com/data-driven-thinking/why-rtb-wins/ (accessed June 25,2014).

第 10 章　数据对数字广告的影响

1. J. Howard Beales III, " The Network Advertising Initiative: The Value of Behavioral Targeting, " March 24, 2010, cited in " Data Management Platforms Demystified," white paper, Blue Kai, p. 5. The NAI report is available at http://www.networkadvertising.org/pdfs/Beales_NAI_Study.pdf (accessed April 28,2014). Beale writes (p. 12): " [Behaviorally targeted conversion] rates are more than double run-of-network rates. "
2. Paul Verna, " Top Digital Trends for 2012, " eMarketer, December 2011, p. 12, http://www.scribd.com/doc/88047938/eMarketer-Top-Digital-Trends-2012 (accessed April 29, 2014).
3. Carla Rover, " Moat's Jonah Goodhart Continues His War on the Click, " The Makegood, January 31, 2012, p. 5, http://the-makegood.com/2012/01/31/moats-jonah-goodhart-continues-his-war-on-the-click/ (accessed April 29, 2014).
4. 同上。

第 11 章　数据收集及其对隐私的影响

1. 针对圆形监狱，边沁这样撰述："道德得以重塑，健康受到保护，提高产业活力的方法四处传播，社会负担减轻了，经济在某种程度上稳如磐石，可怜的法律（原文如此）乱麻没有被斩断，但已被解开，一切都源于建筑上的一个简单想法！"这家伙被技术深深迷住了。Jeremy Bentham, quoted in The Panopticon Writings, ed. Miran Bozovic (London: Verso, 1995), Preface: www.ics.uci.edu/~djp3/classes/2012_01_INF241/papers/PANOPTICON.pdf, p. 2 (accessed June 26, 2014).

2. Bentham, quoted in The Panopticon Writings, Preface: www.ics.uci.edu/~djp3/classes/2012_01_INF241/papers/PANOPTICON.pdf, p. 2 (accessed June 26, 2014).
3. Federal Trade Commission, " Protecting Consumer Privacy in an Era of Rapid Change," Preliminary Staff Report, December 2010, pp. i–ii.
4. 据 comScore 的调查，2013 年第 4 季度一共投放了 1.26 万亿个横幅广告。2013 年第 4 季度一共 91 天。把 1.26 万亿除以 91，等于美国每天投放 138 亿个横幅广告。假设每个横幅广告植入 10 个 cookie，这就意味着每天植入 1 380 亿个 cookie。
5. 一些浏览器程序（例如 Safari）的默认设置不允许这种 cookie 的植入。
6. 所谓的医疗记录隐私是个巨大的谎言。"大部分医生、病人、政策分析员和记者相信，健康保险携带和责任法案的'隐私规则'能够保护医疗的隐私性。他们大多是错的……有人认为，美国卫生与公众服务部的法规能为医疗信息提供强有力的保护。不幸的是，这种看法其实是误解。" See Richard Sobel, " The HIPAA Paradox: The Privacy Rule That's Not, " Hastings Center Report 37, no.4 (July–August 2007), pp.40–50.
7. Charles Duhigg, " How Companies Learn Your Secrets, " The New York Times Magazine, February 19, 2012, p. MM30, www.nytimes.com/2012/02/19/magazine/shopping-habits.html (accessed April 29, 2014). See also the book upon which the New York Times article was based: Charles Duhigg, The Power of Habit (New York: Random House, 2012).
8. Paul Ohm, "Broken Promises of Privacy: Responding to the Surprising Failure of Anonymization, " 57 UCLA Law Review 1701 (2010),

pp.1719–1720.

9. 同上，p.1705。

10. Arvind Narayanan and Vitaly Shmatikov, " Robust De-Anonymization of Large Sparse Datasets, " Proceedings of the 2008 IEEE Symposium on Security and Privacy 111, 121, Part I.B.1.c.

11. Ohm, p.1721.

12. 同上，p.1704。

13. Nate Anderson, " Anonymized Data Really Isn't-And Here's Why Not, " *Ars Technica*, September 8, 2009, http://arstechnica.com/tech-policy/2009/09/your-secrets-live-online-in-databases-of-ruin/ (accessed April 29, 2014).

14. *Edwards v. First* American Corp., 610 F.3d 514 (9th Cir. 2010).

15. Electronic Privacy Information Center (EPIC), " *First American Financial Corp. v. Edwards*/Concerning Standing and Liquidated Damages for Federal Statutory Rights," p. 7, http://epic.org/amicus/first-american/.

16. Noah Feldman, " Strip-Search Case Reflects Death of American Privacy, " *Bloomberg.com*, April 8, 2012, http://www.bloomberg.com/news/print/2012-04-08/strip-search-case-reflects-death-of-american-privacy.html.

17. Adam Lehman, " How Digital Marketers Will Survive the Coming ' Do-NotTrack' World, " *Advertising Age*, June 21, 2012, http://adage.com/print/235528(accessed April 29, 2014). Lehman is chief operating officer and president at Lotame.

18. 同上。

19. " Report to the President: Big Data and Privacy: A Technological

Perspective, " President's Council of Advisors on Science and Technology, p. 38.

第 12 章　新技术

1. Interactive Advertising Bureau, IAB Internet Advertising Revenue Report/2012 full year results, April 2013, Executive Summary, p. 4.
2. " Smartphone Users by the Numbers, " Visual.ly, http://visual.ly/smart-phone-users-numbers (accessed April 21, 2014).
3. Roger McNamee, " How to Revive the Web, " May 4, 2012, pp. 24, 26, http://www.elevation.com/downloads/Tech_Investing_10_Hypotheses_v8.6b.pdf (accessed June 9, 2014).
4. Brad Stone and Ashlee Vance, " Facebook's ' Next Billion': A Q&A with Mark Zuckerberg, " Business week, October 4, 2012, www.businessweek.com/articles/2012-10-04/facebooks-next-billion-a-q-and-a-with-mark-zuckerberg (accessed April 29, 2014).
5. Interactive Advertising Bureau, IAB Internet Advertising Revenue Report/2012 full year results, April 2013, textbox headlined " The surge in mobile growth can be attributed to . . . ," p. 14.
cxv " Gartner Says Annual Smartphone Sales Surpassed Sales of Feature Phones for the First Time in 2013, " Gartner, Inc., February. 13, 2014, http://www.gartner .com/newsroom/id/2665715 (accessed June 29, 2014).
6. 同上。
7. Online Publishers Association, A Portrait of Today's Smartphone User, Slide 16: " At Least Half of Smartphone Users Access Content Daily via App and/or Mobile Web, " August 2012, http://www.marketing.org/

files/public/smartphone_study.pdf (accessed April 30, 2014).

8. 同上 ., Slide 19: " Users with Multiple Mobile Devices Prefer Smartphones for Certain Uses/Content Types. "

9. 同上。Slide 22: " Nearly All Smartphone Users Download Apps: Averaging 36 Apps per User in Past Year. "

10. 同上。

11. 同上。Slide 24: " Smartphone Users Show Strong Cross-Platform Tendencies: 64% on 3 Screens 1.7 Hrs/Day. "

12. 同上。

13. Interactive Advertising Bureau, IAB Internet Advertising Revenue Report/2012 full year results, Executive Summary, p.4.

14. "Gartner Says Worldwide Tablet Sales Grew 68 Percent in 2013, with Android Capturing 62 Percent of the Market," Gartner, Inc., March 3, 2014, www.gartner.com/document/2672716.

15. 同上。

16. Consumer Electronics Association, " The Consumer Outlook on Tablets: Adoption, Sentiment and Social Media Conversation, " January 2014.

17. Consumer Electronics Association, " U.S. Consumer Electronics Sales and Forecast, " January 2014.

18. Online Publishers Association, A Portrait of Today's Tablet User/ Wave II, Slide 5: " Tablets Have Become Embedded in People's Lives; 74 Percent Use Their Tablet Daily, " and Slide 7: "Time Spent with Tablet Is High, Averaging 14 Hours per Week... , " June 13, 2012, http://www.slideshare.net/victori98pt/a-portrait-of-todays-tablet-user-wave-ii-june-2012-by-opa (accessed April 30,2014).

19. " Understanding Tablet Device Users, " AdMob/Google U.S., March

2011, Slide 4, " Summary of the Tablet Study, " www.gstatic.com/ads/research/en/2011_AdMobTablet_Study.pdf (accessed July 26, 2014).

20. Steven Musil, " U.S. Tablet Usage Hits ' Critical Mass,' comScore reports, " C|NET,June 10, 2012.
21. " Mobile Devices Empower Today's Shoppers In-store and Online, " Nielsen.com,December 4, 2012, www.nielsen.com/us/en/insights/news/2012/mobile-devices-empower-todays-shoppers-in-store-and-online.html(accessed July 26, 2014).
22. 多道程序实用程序系统解释语言。
23. 同上。
24. Online Publishers Association, A Portrait of Today's Tablet User/ Wave II, Slide 19: " Accessing Content/Information Remains the Dominant Tablet Activity and Is Increasing. "
25. 同上。Slide 30: " Appetite for Apps Remains Strong; Tablet Users Downloaded an Average of 22 Apps. "
26. 同上。
27. 同上。Slide 36: " Tablet Users Increasingly Prefer Free Apps with Ads vs. Paid Apps. "
28. 同上。 Slide 32: "72 Percent of App Downloaders Paid for Apps; Tablet App Market Has Almost Doubled. "
29. 同上。Slide 36: " Tablet Users Increasingly Prefer Free Apps with Ads vs. Paid Apps. "
30. 同上。Slide 38: " Tablet Ads Are More Impactful on Purchasers of Tablet Content. "
31. 同上。 Slide 40: " Tablet Content Buyers Are More Likely to Purchase or Research After Seeing Ads. "

32. 同上。 Slide 43: " Tablet Users Bought an Average $359 in Products from Tablets in Last 12 Months."
33. " Mobile Continues to Steal Share of US Adults' Daily Time Spent with Media," eMarketer, April 22, 2014, http://www.emarketer.com/Article/Mobile-Continues-Steal-Share-of-US-Adults-Daily-Time-Spent-with-Media/1010782 (accessed July 26, 2014).
34. 同上。
35. 同上。
36. Interactive Advertising Bureau, IAB Internet Advertising Revenue Report/2013 full year results, p.4.
37. 同上，p.7。
38. 同上，p.13。
39. " US Total Media Ad Spending, by Media, 2011-2017, " eMarketer, June 2014, Report #174136. Report is behind eMarketer's paywall; not available on the Internet. Must be requested from eMarketer, www.emarketer.com.
40. Gabriel Kahn, " Is Media Becoming Device Dependent? " Mediashift, column, June 7, 2013, www.pbs.org/mediashift/2013/06/is-media-becoming-device-dependent (accessed April 20, 2014).
41. 同上。
42. Lauren Indvik, " Magazines Find Success Selling iPad Ads, " Mashable, June 7,2013, www.mashable.com/2013/06/07/magazines-ipad-ad-sales/(accessed April 30, 2014); statistics: Publishers Information Bureau and Kantar Media, cited by the Association of Magazine Media; table of growth comparisons: eMarketer.com.
43. Indvik.
44. 同上。

45. 同上。
46. 同上。
47. Mentioned by Apple CEO Tim Cook during the earnings call for Apple's third quarter of fiscal year 2013. His source: " June Tablet Update: iPad Usage Share Surpasses 84 percent, " Chitika Insights Report, July 23, 2013, http://www.chitika.com/insights/2013/june-tablet-update (accessed April 30, 2014).
48. 凯恩。
49. Lewis D'Vorkin, " Inside Forbes: It's Fight Night. PR Firms Take On Ad Agencies over Native Advertising, " Forbes.com, July 22, 2013, http://www.forbes.com/sites/lewisdvorkin/2013/07/22/inside-forbes-its-fight-night-pr-firms-take-on-ad-agencie-over-native-advertising/ (accessed July 22, 2013).
50. " Nielsen Estimates 115.6 Million TV Homes in the U.S., Up 1.2 Percent, " Nielsen Holdings N.V., May 7, 2013, www.nielsen.com/us/en/insights/news/2013/nielsen-estimates-115-6-million-tv-homes-in-the-u-s---up-1-2-.html. (accessed July 28, 2014).
51. Dave Morgan, " Sorry, the Internet Can't Fix TV's Reach Problem, " Advertising Age, March 5, 2012, http://adage.com/article/digitalnext/internet-fix-tv-s-reach-problem/233110/ (accessed July 28, 2014).
52. Interactive Advertising Bureau, IAB Internet Advertising Revenue Report/2013 full year results, p.19.
53. " Data Dive: U.S. TV Ad Spend and Influence (Updated_Q3 2013 Data), " December 23, 2013, www.marketingchartscom/television/data-dive-tv-ad-spend-and-influence-22524/ (accessed April 30, 2014).
54. Nielsen added households that get network TV programming for free

over the air while getting other content by means of a broadband connection rather than from cable TV or satellite. While this is the smallest subpopulation of TV households, it has been the fastest growing. If this subpopulation had not been added by Nielsen in February 2013, then the number of TV households would have shrunk.

55. Interactive Advertising Bureau, " IAB Internet Advertising Revenue Report/2013 full year results," p.19.

56. 同上。

57. " Mobile Continues to Steal Share of US Adults' Daily Time Spent with Media."

58. 同上。

59. Dave Morgan " TV Has a Growing Reach Problem, " Advertising Age, February 28, 2012, http://adage.com/article/digitalnext/tv-put-mass-mass-media-anymore/232988/ (accessed July 28, 2014).

60. Morgan, "TV Has a Growing Reach Problem."

61. 同上。

62. 同上。

63. " ... Sales of Internet TVs Have Been Taking Off Just in the Past Year," " Internet Disconnected TVs," TechNewsDaily, February 23, 2012, www.TechNewsDaily.com.

64. Andre Yoskowitz, " Report: Most Internet-Enabled TVs Remain Unconnected," News by Afterdawn February 22, 2012, http://www.afterdawn.com/news/article.cfm/2012/02/23/report_most_internet-enabled_tvs_remain_unconnected (accessed April 30, 2014).

推荐阅读

商业模式新生代（经典重译版）

作者：（瑞士）亚历山大·奥斯特瓦德 等 ISBN：978-7-111-54989-5 定价：89.00元

一本关于商业模式创新的、实用的、启发性的工具书

商业模式新生代（个人篇）：一张画布重塑你的职业生涯

作者：（瑞士）亚历山大·奥斯特瓦德 伊夫·皮尼厄 ISBN：978-7-111-38675-9 定价：89.00元

教你正确认识自我价值，并快速制定出超乎想象的人生规划

商业模式的经济解释

作者：魏炜 朱武祥 林桂平
ISBN：978-7-111-38128-0
定价：36.00元

重构商业模式

作者：魏炜 朱武祥
ISBN：978-7-111-30892-8
定价：36.00

发现商业模式

作者：魏炜 朱武祥
ISBN：7-111-25445-4
定价：38.00元

慈善的商业模式

作者：林伟贤 魏炜
ISBN：978-7-111-32901-5
定价：32.00元

商业模式的力量（升级版）

作者：彭志强
ISBN：978-7-111-31335-9
定价：36.00元

云：7种清晰的商业模式

作者：（美）周晨光
ISBN：978-7-111-35101-6
定价：38.00元

扫一扫，听分享